PRETIUM DOLORIS
L'AFFAIRE DE GATSEAU

Jan-Christian Collin

PRETIUM DOLORIS
L'AFFAIRE DE GATSEAU

THRILLER

La jeunesse n'est pas une période de la vie.
Elle est [...] une qualité de l'imagination.

SAMUEL ULLMAN.

Avertissement.

Certains lieux cités et leur affectation ne sont qu'une invention de l'auteur. Ils servent simplement de support à l'histoire.

Cette œuvre est le fruit de l'imagination de son auteur. Toute ressemblance avec des faits ou des personnages passés ou présents ne serait que pure coïncidence.

1

Comme possédées.

28 juin 1995, 11 heures 30 environ.

1/1 Tout est pour le mieux dans le meilleur des mondes. C'est dans cet état d'esprit que Robert Barney s'installa avec toute sa petite famille sur la plage de Gatseau dans l'île d'Oléron.

Il déplia un petit siège de toile acheté le matin même dans une quincaillerie d'une rue piétonne à St Pierre d'Oléron, ainsi que le dernier roman de Stephen King dans une librairie adjacente.

Il adorait ce romancier qu'il qualifiait de « roi » du suspens. Mais il aimait surtout la façon qu'ont les anglo-saxons, d'inverser les mots pour désigner des lieux. Lui-même pensait, qu'écrire « Gatseau baie », ça sonnait mieux que « la-plage-de-Gatseau ». Si un jour il devait écrire un livre, ça commencerait par Gatseau baie.

C'était justement sur cette plage, en forme de baie, qu'ils étaient venus ce matin, avant la marée montante, pour ramasser des coques. C'était un ramassage de coquillages facile pour les enfants et chaque année, traditionnellement, cette journée finissait par un repas élaboré à partir de la récolte. Le soir venu, Christiane, après les avoir bien lavées, les faisait à l'étouffée, accompagnées d'oignons, d'ail, d'un bouquet garni. Quant à leurs fils, Mathieu et Joël, deux petits rouquins comme leur père, ils tartinaient les tranches de pain de beurre demi-sel.

C'est dans cette quiétude, qu'il s'assit et ouvrit la première page du thriller. Absorbé par sa lecture, il ne faisait pas très attention à Christiane et aux garçons qui couraient déjà vers la mer, poursuivis par leur mère un flacon d'huile solaire à la main.

De temps en temps, il regardait quand même sa petite famille. Mais, la mer étale, un soleil radieux, une plage presque déserte, rassuraient Robert. Rien ne pouvait leur arriver de mal — tout au moins il le pensait, à ce moment là!

Le soleil était déjà haut dans le ciel et Robert était bien avancé dans sa lecture quand il entendit des rires venant de sa gauche. Interpellé, il regarda dans cette direction et vit venir vers lui deux jeunes filles. A quelques mètres seulement, il eut tout le temps de les détailler.

Elles venaient du parking, peut-être seize ou dix-sept ans, et marchaient le long de la plage juste sur le bord encore mouillé par la marée précédente.

Comme elles riaient et parlaient assez fort, Robert, qui était à ras du sol et aidé par un phénomène d'écho, dû à la proximité de l'eau, pouvait parfaitement entendre leur conversation. De plus, elles s'installèrent juste à quelques mètres de lui.

« On se met là, Laure ?

— OK. Marie, c'est bien là ! »

Elles déposèrent leurs fourre-tout, faits en espèce de laine chamarrée, étendirent leurs serviettes et s'allongèrent. Robert avait quitté son livre pour observer plus précisément le duo. Discrètement, il remarqua une grande différence dans le physique des deux ados. L'une était ronde, les cheveux roux mi-longs, la poitrine déjà bien formée, la peau blanche et un visage peu gracieux.

L'autre au contraire, présentait un physique nettement plus avenant. Elle était mince, les cheveux blonds et longs, toute bronzée, les seins assez petits et un visage parfaitement dessiné, éclairé par de beaux yeux d'un bleu pastel. Comme elle retirait ses vêtements pour se mettre en maillot de bain, Robert remarqua qu'elle était particulièrement maigre et sûrement sujette à l'anorexie. Il pouvait voir ses côtes saillantes et ses jambes squelettiques. Puis, il ne fit plus attention à elles.

1/2 Ayant replongé dans son livre, Robert n'avait pas vu qu'un jeune homme était venu s'installer auprès des jeunes filles. Elles ne l'avaient pas vu, ni entendu, tant elles étaient en train de papoter et de rire comme toutes les jeunes filles de leur âge. Les sujets de discussion ne manquaient pas, en particulier les garçons, l'école, les parents qui font chier. Et puis ce fameux CD à la mode, « *Pour que tu m'aimes encore* » par Céline, qu'elles trouvaient craquant.

Soudain, Marie, la rousse, sentit le soleil lui brûler le dos. Elle demanda à Laure.

« Tu veux bien me passer de la crème dans le dos, s'il te plaît ?

— OK, passe-moi le tube. »

Marie sortit un tube de son sac, fit rouler le haut de son maillot une pièce jusqu'à la taille et s'allongea sur le ventre. Laure se mit à califourchon sur elle et entreprit de l'enduire d'écran total No 15. Bizarrement, au fur et à mesure qu'elle enduisait sa copine, Laure éprouva un certain plaisir à faire cela. Elle alternait les caresses et les massages, variant les applications musclées sur les épaules et à la base du cou, à plus doux quand elle descendait ses mains le long de la colonne vertébrale jusqu'à la naissance des fesses. Elle jubilait même de lui faire quelques chatouillis sur les côtés. D'ailleurs, elle se rendait bien compte que cela provoquait chez Marie, quelques vibrations du corps. Surprise de ce nouveau sentiment, une excitation sexuelle qu'elle n'avait jamais connue auparavant, elle se demanda si cela correspondait aux émois que peuvent ressentir les lesbiennes. Voulant faire preuve d'imagination et voir jusqu'où cela pouvait aller, elle continua, lui frôlant la chute des reins, lui enfonçant les ongles dans son dos, et cela lui provoquait du plaisir. Mais elle ne savait comment définir ce plaisir. Dans sa famille certains sujets étaient tabous. On ne parle pas d'érotisme ni de sexualité dans les familles bourgeoises charentaises. En tout cas, elle trouvait ça très agréable à vivre.

Laure était tout à sa tâche, jouissant des réactions de sa copine, quand soudain, son attention fut attirée sur sa droite, un mouvement imperceptible, une présence. Le garçon qui avait étendu sa serviette à proximité quelque temps auparavant, était maintenant très proche, presque à la toucher. Elle eut un moment de stupeur, surprise et furieuse à la fois. Elle allait protester énergiquement car elle n'aimait pas être importunée par les garçons, encore moins par ceux qu'elle ne connaissait pas.

Elle s'arrêta un court instant de masser Marie. Celle-ci réagit aussitôt, malgré une légère torpeur générée par les massages.

« Tu en as marre, tu veux que je te remplace ?

— Non, non, je reprends juste de la crème ! »

Marie avait la tête tournée vers la gauche, si bien qu'elle ne voyait pas ce qui se passait de l'autre côté. Elle aurait été extrêmement étonnée de voir la réaction de Laure. En effet, cette dernière, au lieu de manifester son mécontentement, resta muette. Le garçon la fixait droit dans les yeux, des yeux d'un bleu pétrole qui semblaient l'avoir hypnotisée. Tout en lui adressant un sourire, il lui fit signe de se taire et de lui laisser la place. Il lui avait imposé son silence, sa loi. Inconcevable pour qui connaissait Laure. Il se mit à califourchon et reprit les massages. Marie sentit bien un changement, mais cela lui faisait tellement du bien, qu'elle n'en fit pas la remarque.

Beau, exceptionnellement beau ! Se disait elle en le voyant pratiquer les massages. Assise à côté, elle pouvait l'admirer à loisir. Subjuguée par tant de beauté, elle n'avait jamais vu un garçon aussi parfait physiquement. Elle détaillait chaque partie de son corps, un visage à l'ovale parfait, des yeux bleus comme deux lames d'acier trempé, un sourire éclatant de blancheur, ravageur. Ses cheveux bouclés, bruns et brillants, étaient coupés court. Tout son corps était parfaitement bronzé, un bronzage un peu cuivré, luisant au soleil grâce à une huile solaire. Elle pouvait admirer sa musculature, pendant qu'il oeuvrait. Tous ses muscles saillaient, mais pas trop, juste assez pour fantasmer. Sous son maillot en latex noir elle percevait la rondeur de ses fesses, bien pommelées et fermes. Tout cela le rendait irrésistible aux yeux de Laure. Fascinée par tant de beauté, elle s'imaginait déjà à ses côtés à faire la nique à toutes les copines du lycée. Il serait son prochain flirt, forcément.

Marie qui malgré un sentiment de quiétude, de bien-être, pensa qu'il serait sympa de rendre la pareille à Laure. Elle se retourna, et poussa un cri de surprise en se rendant compte de la supercherie. Elle eut un cri, pendant que Laure pouffait.

Le jeune homme s'était penché vers son visage la fixant droit dans les yeux et se présenta.

« Bonjour, je m'appelle Thor. »
Laure se voulant rassurante lui dit.

« N'aie pas peur ! Il est extra Marie ! »
Thor d'une voix très calme reprit.

« Comment était ce massage Marie ?
— Bien...très bien !
— Alors, retourne-toi, je vais continuer devant ! »
Marie, un peu inquiète tout de même, suppliait du regard son amie. Mais Laure aimait cette situation et insista.

« Allez ! vas-y ! te dégonfle pas. Ça ne peut pas te faire de mal !
— Ecoutez votre amie. C'est bien votre meilleure amie, n'est-ce pas ? » demanda Thor.

Elle se remit sur le dos. Pendant que Thor reprenait de la crème dans ses mains, Marie instinctivement, avait reposé ses mains sur sa poitrine par pudeur. Thor voyant cela dit.

« Tu peux écarter tes bras, s'il te plaît ! »
Malgré cette formule de politesse, le ton n'autorisait pas le refus.

Et sous les yeux étonnés de Laure, elle s'exécuta . Elle fut surprise du contraste entre la douceur de la voix et l'autorité qui en émanait. Elle regardait amusée les réactions de sa copine sous les caresses de Thor, des caresses plutôt que des massages. Après l'avoir enduite de crème, des épaules jusqu'au bas du ventre, il allait et venait de haut en bas en malaxant à chaque fois les deux seins.

Il frôlait la pointe des seins, puis pinçait doucement les tétons saillants. Laure en était toute chamboulée, peu apte à être témoin direct de ces effusions. Marie avait perdu toute pudeur et manifestement appréciait ce jeu érotique. Laure un peu effrayée par la tournure que prenait la chose, regarda autour d'elle, voir si jamais, quelqu'un les connaissait. Heureusement, à cette heure là, la plage était presque déserte. Elle ne vit personne de son entourage.

« A moi, à moi ! s'écria Laure, toute excitée, laisse-moi ta place ! »

Un peu excédée de l'intérêt que Thor semblait porter à Marie, elle s'allongea sur sa serviette de bain, ôta son soutien-gorge, ferma les yeux, prête à tout.

Elle attendit le temps qu'il s'enduise les mains de crème puis elle sentit qu'il se mettait à califourchon sur son ventre, pesant de tout son poids. Aussitôt, il entreprit des massages, mais cette fois ci très ciblés. Il lui massait carrément les seins, avec tant d'application, que Laure commença à ressentir un phénomène jusqu'alors inconnu - du plaisir. Ses seins devinrent durs et ses tétons aussi. Les yeux révulsés, elle cambrait ses reins et haletait.

Elle suffoquait quand il s'arrêta. Se relevant il déclara.

« C'est bon les filles, on va pas passer la journée là-dessus. Vous voulez que je vous raconte mes voyages ? »

Marie, tout en observant la scène, remarqua que Thor avait autour du cou une chaîne en or, à laquelle pendait une médaille originale. En effet, il s'agissait d'un triangle fait de trois 6 reliés par leur pointe. En or elle aussi, elle brillait au soleil. Marie voulut la prendre entre ses doigts pour l'admirer de plus près. Elle poussa un cri ! Au contact du métal, elle se brûla les doigts.

« Aïe !

— Qu'est ce que t'as à toucher à ça ! »

Cet arrêt soudain et le ton sec et cassant qu'il venait d'employer, surprirent les deux jeunes filles. Comme si rien ne s'était passé. Laure se remettait doucement de ses émotions quand il s'allongea entre elles et les prit par la main.

1/3 Si Laure n'avait rien vu de gênant autour d'elle, par contre, une personne n'avait rien perdu de tout ce remue ménage - Robert Barney.

Ce dernier, faisant semblant de lire son bouquin, discrètement du coin de l'œil, avait assisté à la scène. Scotché sur ces ébats dans un lieu inapproprié, lui paraissait inimaginable. Indécent même, si bien qu'il regarda du côté de ses fils pour se rassurer. Ils étaient assez loin et tout affairés à ramasser les coques et remplir les seaux.

Les trois jeunes étant allongés, il en profita pour rejoindre sa famille. Il s'approcha de Christiane et lui chuchota à l'oreille le récit des évènements dont il avait été témoin.

« Ah bon ? s'étonna-t-elle.

— Je te jure ! dit Robert. Mais va voir ! Tu remontes là-bas et tu prends un seau. En passant près d'eux tu regardes discrètement, je reste avec les gosses. »

Christiane rejoignit à pas lents leur emplacement. Cela lui permit de bien observer le trio, de tendre l'oreille mais elle ne pouvait saisir leur conversation. Elle pouvait observer le garçon et le trouva très beau, athlétique, parfait pour des jeunes filles de son âge. Mais, arrivée à quelques mètres, le garçon soudain releva la tête. Leurs yeux se croisèrent, juste un instant. La dureté de son regard gêna Christiane qui détourna aussitôt les yeux, comme prise en défaut.

Arrivée à leur place elle fit mine de prendre quelques jouets, les reposa et repartit avec le seau. Pas une fois elle envisagea de se retourner vers eux. Elle fut mal à l'aise d'un coup. Et quand elle redescendit vers la mer, elle sentit comme un poids sur sa nuque. Sûr qu'il la suivait des yeux. Les rejoignant, Robert la questionna.

« Alors qu'est-ce que tu en penses ?

— Pour sûr, c'est un beau mec. Je comprends que les filles se soient laissé prendre au piège. C'est ce qu'on ………..able »

Robert, qui avait tourné la tête juste à ce moment là, pour surveiller les gamins, n'entendit pas la fin de la phrase. Il lui fit répéter.

« Que dis-tu ?

— C'est ce qu'on appelle, la beauté du diable. »

Se tournant vers les enfants, il leur dit.

« Les enfants, y en a assez, allez maintenant on remonte. »

Le couple Barney tout en s'affairant sous le parasol, faisait comme si de rien n'était, tournant le dos ostensiblement, gênés par la proximité de ces jeunes. Surtout Christiane qui avait encore en mémoire le regard perçant du garçon. Elle s'adressa alors à Robert.

« Tu as vu ses yeux ?

— Non pas spécialement !

— Ils sont rouges !

— Pas possible !

— Si, je t'assure, un rouge étincelant ! »

Robert dans la perspective du repas du soir, devait se charger de faire en sorte que les coques rejettent leur sable. Pour cela, il descendit vers la mer avec deux seaux et les remonta remplis d'eau propre. Le soleil lui cuisait le crâne qu'il avait dégarni, et la sueur perlait sur son front, coulant en partie dans ses yeux. Arrivé à quelques mètres, face au trio qui était allongé, il perçut – ou crut percevoir - que les trois jeunes étaient légèrement soulevés du sol ?

Il y avait comme une ombre sous eux. Peut-être quelques centimètres mais il en était certain, ils étaient en lévitation. Je deviens fou pensa-t-il, c'est un effet d'optique avec le soleil, et puis cette sueur qui me brûle les yeux, c'est comme un mirage. Si bien qu'arrivé près de Christiane, il n'osa pas lui en parler. Déjà que cette histoire d'yeux rouges l'avait angoissée. Elle proposa de partir. Mais Robert lui opposa qu'il devait d'abord rincer les coques plusieurs fois. Sinon elles seraient immangeables ce soir.

16

1/4   Pendant que les Barney étaient en train de ramasser les coques, Thor qui venait de s'installer entre les deux filles, leur prit les mains. Il leur proposa de leur raconter quelques histoires, ainsi que le récit de ses voyages. Les filles étaient enchantées, mais elles perçurent que le ton de sa voix changeait au fur et à mesure de son discours. Sa voix si douce et feutrée, devint plus grave, plus rauque. Enfin au bout d'un moment, il leur demanda si elles voulaient participer à une expérience extraordinaire.

« Les filles vous savez ce qu'est la lévitation ?

— Bien sur ! répondirent-elles.

— Vous voulez essayer ?

— C'est pas possible ! dirent-elles en riant

— Eh bien, tenez bien mes mains et laissez vous aller. »

Ce que ne savaient pas les filles, c'est qu'il ne lâcherait plus leurs mains. Un peu comme des menottes extrêmement serrées. Laure et Marie, se sentirent légères, elles fermèrent les yeux, avec cette impression qu'elles volaient. Quand elles rirent, Thor mit fin au divertissement toujours avec sa voix rauque.

« Bon les filles, assez plané. Venez je vais vous montrer mon autocar. »

D'un bond, elles se levèrent, et partirent en courant vers le parking, toujours empoignées, laissant leurs affaires sur place. Thor les tirait littéralement et elles avaient du mal à courir dans le sable. Malgré tout, elles riaient.

1/5 Des rires qui firent se retourner Robert Barney. Bon débarras pensa-t-il, mais avec une pointe d'appréhension. Il avait bien entendu le dernier mot employé par le garçon - autocar.

Il regarda alors vers le parking et vit, qu'en effet, l'avant d'un autocar dépassait d'un petit monticule de sable, juste à l'orée de la pinède. Pour ce qu'il en voyait, il était de couleur blanche, et toutes les vitres teintées de noir opaque. Il ne vit aucune inscription ni logo sur le côté. Mais ce qui lui parut bizarre, c'est qu'il semblait garé à un endroit qui normalement était réservé aux véhicules de service d'urgence. Encore des gens qui se foutent des règlements, pensa-t-il. Puis, il transvasa encore les coques dans une eau propre.

1/6 Mme Ferrera, s'était installée sur un banc, juste à l'orée de la pinède, près du parking là, où il y avait un peu d'ombre. Elle avait accompagné ses enfants en vacances, mais vu son âge, elle ne supportait plus les grosses chaleurs. Et ce jour là, justement, un soleil ardent et sans le moindre souffle de vent, fit qu'elle préféra s'isoler.

Elle les vit arriver. Ces trois jeunes gens couraient vers elle, passant devant et se dirigeant vers un autocar blanc juste garé là. Elle remarqua que c'était le garçon qui tirait les filles, plutôt qu'une course à l'unisson. Ralentissant leur course, elle put détailler l'expression des jeunes filles. Mme Ferrera s'étonna que, dans ce genre de situation, les jeunes gens s'amusent et rient, mais là non ! Leurs visages s'étaient figés en arrivant devant le car, sans ferveur. A ce moment elle perçut comme le bruit d'un vérin hydraulique.
- *Pschi..i…i…i –*.

Les portes s'ouvrirent.

Intriguée, Mme Ferrera continua de les suivre du regard. Le garçon les poussa violemment dans l'autocar, sans qu'elles ne protestent. Mais plus étrange, elle nota qu'en dehors du fait que les vitres étaient toutes teintées d'un noir opaque, l'intérieur était lui-même si sombre qu'elle eut l'impression qu'elles disparaissaient, comme absorbées dans un mur de fumée. Pourtant très près, elle ne voyait même pas le chauffeur ni les marches d'accès.
- *Pschi…i…i…i –*.

Les portes se refermèrent.

Mme Ferrera éprouva comme un malaise devant cet épisode un peu étrange. Elle décida de rejoindre ses enfants installés un peu plus loin, mais sans en parler, de peur que ceux-ci la prennent pour une folle à voir le mal partout.

Après quelques instants, la famille Ferrera venant de terminer un léger repas, tout le monde commença à somnoler, quand soudain !

Un premier hurlement se fit entendre. Tous les gens à proximité, tournèrent leur tête vers la supposée origine du cri. En effet, ce cri effroyable venait bien du car, confirmé par un deuxième, tout de suite après, aussi terrible. Les Barney, les Ferrera, tout le monde était figé bouche bée de stupeur et d'inquiétude, dans l'attente d'une issue, imprévisible à ce moment là.

- *Pschi...i...i...i -*.

Les portes se rouvrirent....

Et là, dans la stupeur générale, les deux gamines furent éjectées du car.

- *Pschi...i...i...i -*.

Les portes se refermèrent.

Marie et Laure, couraient de toute leur force pour s'échapper le plus vite et le plus loin possible. Elles étaient nues, mais ce qui alarma les premiers témoins, c'est qu'elles ne criaient pas mais geignaient et qu'elles mettaient une main sur leur bouche d'où dégoulinait du sang, et l'autre sur leur pubis. Elles coururent cinquante mètres environ et s'affalèrent.

Après un court moment de flottement, les gens accoururent autour des filles qui s'étaient recroquevillées en position de fœtus. Leur sang mélangé au sable, faisait une bouillie granuleuse qui, recouvrant en partie leur corps, provoqua chez certains, de la répugnance.

Une femme plus observatrice, voyant du sang couler entre les cuisses des filles, lança.

« Regardez ! Mon Dieu, on les a violées ! »

Quelques minutes passèrent pendant lesquelles tout le monde était décontenancé. Robert, qui avait suivi quelques cours de secourisme, reprit le dessus de ses émotions et prit la direction des secours.

Il ordonna.

« Qu'on ramène des serviettes pour les couvrir ! Faites dégager les gosses, y a rien à voir ! Que quelqu'un aille prévenir les maitres

-nageurs ! Qu'ils appellent les pompiers et la police pour deux agressions ! Vite, vite, ça pisse le sang ! »

Ce qui était le plus impressionnant, c'était ce gargouillis qui sortait de leurs bouches. Et puis elles ne faisaient que geindre et pleurer. Robert essaya bien de les apaiser par des paroles rassurantes, sur les secours qui allaient arriver, mais dès qu'il tentait d'approcher sa main de la bouche de Laure pour écarter ses doigts et voir ce qu'il en était, celle-ci ouvrait grand les yeux pour lui signifier de n'en rien faire et geignait d'avantage. Robert ne savait plus que faire et cessa de les inquiéter.

A ce moment le maitre-nageur arriva en courant. On s'écarta pour le laisser passer. Il s'accroupit près de Robert et lui annonça.

« Ça y est, les secours arrivent. Que se passe-t-il exactement ? »

Tout en parlant, il regarda plus précisément les deux filles étendues au sol et fit la grimace.
Robert n'eut pas le temps de lui répondre que déjà on entendait les deux tons des véhicules des pompiers qui se rapprochaient.

Tout le monde se retourna pour voir les médecins accourir à grandes enjambées.

« Mais où est le car ? » lança Mme Ferrera.

Robert n'en revenait pas non plus. Tous les témoins tellement accaparés par le sort des jeunes filles, ne firent pas attention. Robert courut jusqu'au parking pour en être certain, mais sur le sable, là où il était garé, les traces de pneus des véhicules de secours avaient pollué le parking.

Quand il revint, deux docteurs étaient agenouillés au-dessus des gamines. Ils étaient en train de leur parler, de les rassurer, mais la situation n'évoluait pas. Ni Laure, ni Marie, ne voulaient retirer leurs mains. Les docteurs décidèrent de leur faire une piqûre de calmant. Enfin, présentant une gaze pour essayer d'arrêter l'hémorragie, et sous l'effet du calmant, ils purent délicatement écarter doigt par doigt les mains des jeunes filles.

« Putain de merde, elle a la langue coupée ! cria le premier.

— L'autre aussi ! » répondit son collègue.

Un « Oh » de stupeur s'éleva du groupe. Maintenant, les docteurs plaçaient de la gaze sur les plaies, dans l'espoir de stopper le sang. Après plusieurs essais, où ils utilisèrent une grande quantité de gazes, il sembla que l'hémorragie fut stoppée. Devant cette situation inimaginable, une femme tomba dans les pommes, Mme Ferrera se signa, puis alla vomir son repas dans les taillis proches. Arrivés à ce stade, les médecins estimèrent ne pas pouvoir en faire plus et décidèrent de se rendre à l'hôpital. S'adressant au maître nageur, le docteur Vernier dit.

« Appelez l'hôpital de Marennes, nous arrivons avec deux blessées de sexe féminin. Qu'ils préparent le bloc et du sang en pagaille. Langue tranchée. »

On déposa les deux filles sur des civières et plusieurs hommes aidèrent les pompiers à les transporter dans l'ambulance.

1/7 L'estafette de gendarmerie se gara le long des voitures de pompiers juste quand on fermait les portes arrière. Le gendarme le plus gradé s'approcha des médecins et demanda.

« Capitaine Barraba. Comment ça se présente ?

— Docteur Vernier. Deux gamines quinze, seize ans, la langue tranchée, des suspicions de viol. On les emmène aux urgences à Marennes. J'espère qu'elles n'auront pas trop perdu de sang ! Allez je file. »

Les deux ambulances repartirent toutes sirènes hurlantes, sous le regard des badauds qui s'étaient agglutinés vu l'agitation. Le maitre-nageur s'avança alors vers le capitaine qu'il connaissait, pour être en rapport régulièrement avec lui pour tout un tas de petits incidents arrivant au cours de l'été. Ils se saluèrent.

« Bonjour Clément, ça m'a l'air grave cette fois ci !

— Bonjour mon capitaine, jamais vu ça ! Une vraie boucherie, un truc dingue à vous faire gerber. Et ce sang qui giclait de la bouche, insoutenable.

— Des témoins ?

— Oui, deux personnes, qui même s'ils n'ont pas vu les faits

21

proprement dits, ont pu observer assez nettement les trois jeunes. Je vais vous les présenter.

— Clément ! Pas un mot à quiconque, vu ! »

Les deux hommes revinrent vers le groupe de vacanciers qui entretenaient une conversation confuse des évènements. On s'interrogeait sur le : par qui…le pourquoi…etc…. ?

Clément appela

« Mme Ferrera, Mr Barney, vous pouvez venir s'il vous plaît ! » Ils sortirent du groupe et se présentèrent au capitaine de gendarmerie.

« Bonjour je suis Robert Barney.

— Et moi Manuela Ferrera.

— Bonjour, je suis le capitaine Michel Barraba. Je suis en poste à la gendarmerie d'été sur la commune de St Trojan. Vu la gravité des évènements, je vous demanderai dans un premier temps, de me rejoindre dans mon véhicule, pour enregistrer vos témoignages à chaud.

— Mon capitaine, interrompit Robert, mais nous avons vu un car blanc aux fenêtres fumées dans lequel les deux filles sont entrées avec le jeune homme. Le car a disparu aussitôt après les faits.

— C'est exact, renchérit Mme Ferrera.

— C'est parfait, je vais lancer tout de suite un avis de recherche. Daumier, appelez tout de suite le PC ! »

Il venait d'interpeller son adjoint, le lieutenant Daumier, qui était resté au volant en cas d'appel. Il actionna le téléphone.

« Allô, le PC ? Passez moi le colonel s'il vous plaît, de la part du capitaine Barraba. …….. Allô….. Mes respects mon colonel, ici Daumier, je vous passe le capitaine…. Allô, mon colonel, ici Barraba, nous avons un gros problème à Gatseau. …..Non, pas de mort, mais deux jeunes filles mutilées avec présomption de viol ! Des informations concordantes laissent entendre qu'un autocar de couleur blanche aurait été vu sur les lieux de l'agression. Aussi, pourriez vous faire intervenir les gendarmes motocyclistes au pont, de manière à l'intercepter. En espérant qu'il ne soit pas trop tard! ....Je vous remercie mon colonel. Je vous faxe mon rapport dès ce soir. Mes respects. »

Il raccrocha et appela les deux témoins à venir les rejoindre dans l'estafette afin de noter les premiers éléments de l'enquête. Il trouvait que recueillir le maximum de renseignements dans les minutes qui suivaient l'agression, permettait d'avoir une approche plus précise des faits observés. Madame Ferrera passa la première et donna très fidèlement tout ce qu'elle avait observé. Puis le capitaine fit venir monsieur Barney.

Robert Barney qui attendait patiemment auprès du véhicule, monta à l'arrière. Il redit exactement tout ce qu'il avait observé et entendu. Une sensation bizarre, une situation malsaine. Barraba continua son interrogatoire, car les éléments décrits par Robert lui paraissaient très intéressants pour la poursuite de l'enquête.

« Et vous avez vu très distinctement le jeune homme ?

— Parfaitement ! Je pourrais vous faire même un portrait robot. Mais encore mieux mon épouse qui l'a carrément fixé. Et je dois dire qu'elle a un bon coup de crayon et qu'elle pourrait vous dessiner ses traits avec précision. Je suis sûr que ce sera vraiment lui !

— Ah ça, ça m'intéresse ! Vous pourriez passer demain matin à la brigade avec vos croquis, afin que je puisse les faire diffuser ?

— Bien sûr ! On passe devant quand on vient à la plage.

— C'est ça même ! A demain donc. »

Robert repartit vers son emplacement un peu chamboulé par toute cette histoire et surtout, d'être le témoin principal dans cette affaire. Christiane le ramena vite à la réalité ! Les bras croisés, le regard fermé elle l'invectiva.

« T'as vu l'heure ?

— Viens, je t'explique. ......Nom de Dieu !

— Quoi ?

— Les affaires ! Les affaires des gamines ! Elles sont toujours là ! »

Il les ramassa, en fit une boule et courut vers les gendarmes.

Daumier avait déjà engagé la marche arrière, quand il l'aperçut courant vers eux en faisant de grands gestes et en criant.

« Capitaine!...Capitaine!

— Regardez à droite mon capitaine, dit Daumier en stoppant.

— Qu'y a-t-il M Barney ?

— Les affaires ! Les affaires des filles. Elles les ont laissées là-bas. J'avais oublié! Il doit y avoir leurs adresses, et en plus je crois qu'il doit y avoir la serviette du garçon !

— C'est excellent M Barney ! Il ouvrit les deux sacs.

— Il y a bien leurs cartes d'identité ! Je vais prévenir tout de suite les familles.

— Merci, M Barney. »

La famille Barney, passé ces évènements, retourna dans leur location, une petite maison à Dolus avec un terrain pour rentrer la voiture. En cours de route, Robert expliqua à son épouse qu'à la demande du capitaine, il faudrait qu'elle fasse le portrait du garçon, du fait qu'elle l'avait parfaitement vu. Christiane reprocha à son mari de s'être proposé pour le faire et de l'avoir impliquée ! Mais à force d'arguments celle-ci céda. Ils s'y mettront ce soir après le repas. De plus les garçons avaient emmené leurs crayons de couleur ce qui allait donner plus de vraisemblance au portrait.

1/8 Le capitaine Michel Barraba, revenait au poste, tout à ses pensées, en relisant les deux témoignages. Daumier savait par expérience, que ce n'était pas le moment de lui parler ou de faire des commentaires sur l'affaire. Il était en train de mémoriser les faits, de les intérioriser.

Daumier aimait bien bosser avec Barraba. Il le respectait plus, pour ses qualités d'homme que pour son statut de capitaine. En effet Barraba était un homme simple, animé par le bon sens, très méthodique et rigoureux. Trop méticuleux des fois, ce qui énervait Daumier.

Michel Barraba était célibataire. C'était sa volonté, celle de n'avoir aucune attache, pour pouvoir mener ses missions, là où l'armée avait besoin de lui. Sans attache, car il était pupille de la Nation, et donc sa seule famille était l'armée, et plus précisément la gendarmerie.

Après des années d'études studieuses et réussies, il postula pour ce corps d'armée. On lui ouvrit toutes grandes les portes de ce groupement départemental. Faire respecter la Loi était le fer de lance de son engagement. Seul, il occupait souvent son temps de repos à reprendre les dossiers pour y voir plus clair. Cette situation fit qu'il ne rencontra pas l'âme sœur et se concentra encore plus sur son métier. Il faisait sans état d'âme les corvées journalières et c'est en ça qu'il était devenu extrêmement ordonné, au grand dam de Daumier, qui lui était plutôt laxiste.

Cette disponibilité lui permit d'acquérir des galons assez vite. Il voyagea pas mal au travers de la France et se retrouva en cet été 1995, en poste à St Trojan.

1/9 Dans l'île, c'était l'effervescence. L'histoire avait fait le tour des communes, passant d'un camping à un restaurant, d'un commerçant à un pêcheur ! De famille en famille le « bouche à oreille » fonctionna comme une traînée de poudre. Les supputations allaient bon train.

« Encore des marginaux…..

« Encore des drogués….

« Ah, les pauvres filles….

« J'vous l'avais bien dit avec l'ouverture du pont…..

« J'veux pu voir ma fille sortir le soir…. »

Etc, etc…..

Si bien, qu'elles arrivèrent aux oreilles d'un certain Jean-Christophe Cast, journaliste de son état dans le journal local – La Gazette Charentaise.

Il réalisa tout de suite, que cette information était récente et qu'elle n'avait pu encore sortir de l'île et arriver dans les grands médias nationaux. L'occasion rêvée pour se mettre en avant et faire parler de lui – son rêve. Il fonça vers la plage de Gatseau, en espérant pouvoir y recueillir des renseignements significatifs. Il connaissait Clément le maitre-nageur, et comptait sur sa présence pour lui donner de quoi alimenter son article. Un coup de veine, il était encore là en train de ranger son matériel.

« Bonjour Clément !

— Ah ! Salut J.C. tu viens pour l'affaire ?

— Tu y étais ?

— J'ai pas vu grand-chose, mais voilà ce que j'ai pu comprendre. »

Après avoir pris des notes, Cast se précipita vers le téléphone, et appela son rédacteur en chef. Il était encore temps de boucler l'édition du lendemain.

« Allô, chef ! »

Il avait déjà rédigé un premier jet, vite fait sur la tablette de la cabine, et avant de développer le contenu de son article, il imaginait déjà le gros titre à la Une !

« Le titre, en gros !

AGRESSION DE DEUX JEUNES FILLES A GATSEAU !

— Cet après-midi...... »

1/10 Arrivé au poste de gendarmerie, Barraba s'isola dans son bureau avec les affaires récupérées et en fit l'inventaire. Il avait mis des gants en latex et disposa les affaires en trois tas. Il mit à part la serviette du garçon comme précisé par Barney. Il ne remarqua rien de spécial, et la mit dans un sac en plastique avec quelques indications agrafées dessus. Puis il ouvrit les deux sacs. En effet, ils conteaient deux portefeuilles avec les cartes d'identité des deux jeunes filles. Elles étaient maintenant identifiées. Il téléphona alors à l'hôpital pour prendre des nouvelles et organiser une rencontre avec elles.

« Allô, l'hôpital de Marennes? ....Ici le capitaine Barraba de St Trojan, je vous appelle pour prendre des nouvelles des deux jeunes filles amenées en urgence cet après-midi. Pouvez-vous me passer le docteur qui s'occupe d'elles.

— Allô, ici le docteur Mauras.

— Docteur je suis chargé de l'enquête sur l'agression des jeunes filles. Avant de prévenir leurs familles, je voulais savoir où en était leur état de santé ?

— Ecoutez, la situation est stable, nous avons pu suturer les plaies. Une chance, entre guillemets, que la tranche fût nette, comme coupée par un cutter. Pour le moment, elles sont sous sédatif, car la douleur aurait été insupportable.

— Et pour le viol ?

— En effet nous avons constaté une défloration sur les deux patientes. Un prélèvement de sperme a été effectué, ainsi qu'une prise de sang pour le sida.

— Quand pourrais- je les voir ? J'aurais juste un portrait à leur soumettre.

— Je pense que demain après-midi, vous pourriez les voir. En tout cas, tout le service ici est bouleversé, on n'a jamais vu ça ! Vous avez une idée du mobile ?

— Non, pas pour l'instant ! Mais j'ai les identités des filles. Si vous voulez bien les noter. Il s'agit, pour l'une, de Laure Liouret, une blonde aux cheveux longs, et pour l'autre, de Marie Masset aux cheveux courts et roux.

— Mais je connais ces gens là ! Liouret, c'est le maire de St Trojan, et Masset un avocat de renom dans la région. D'ailleurs, je crois qu'ils sont amis…. Quelle histoire !

— Pensez-vous qu'il sera nécessaire de faire un suivi psychologique ?

— Assurément ! Le viol et la mutilation vont laisser un traumatisme psychique. Nous en parlerons demain si vous voulez avec leurs parents.

— D'accord à demain. Ah, autre chose ! Je veux la discrétion totale sur l'identité des jeunes filles. auprès des journalistes ! Au revoir. »

Barraba raccrocha pensif. Il devait maintenant procéder à une démarche obligatoire, mais ô combien pénible et délicate - prévenir les familles.

Sans rentrer dans les détails, il leur avait donné rendez-vous le lendemain après midi à l'hôpital. Sûr, qu'ils allaient tout de suite se précipiter voir leurs filles. Normal !

Il rédigea un rapport très circonstancié et le faxa au colonel Ducros, son responsable hiérarchique. Il était déjà tard quand il rentra chez lui.

1/11 Le lendemain matin, il relut les dépositions et rangea dans des boîtes prévues à cet effet les affaires des filles dûment répertoriées. Elles partiraient tout à l'heure à Rochefort avec Daumier, pour le laboratoire d'analyses de la gendarmerie. Il venait à peine de finir que Daumier frappa à la porte et lui signala qu'un journaliste voulait l'entretenir.

Un peu surpris par cette venue si matinale, il fronça les sourcils. Il n'aimait pas trop cette corporation qui des fois se mêlait d'un peu trop près des investigations des enquêteurs. Il demanda.

« Qui est-ce ?

— Un certain…Cast…Jean-Christophe Cast, de la Gazette Charentaise.

— Bien, faites le entrer ! »

Dès que le journaliste passa la porte, Barraba fut surpris par sa jeunesse. Il s'attendait à voir un homme de terrain plutôt âgé, rondouillard dans un costume froissé – une caricature ! Au contraire, l'homme était jeune, les joues recouvertes d'acné, une attitude décontractée, le sourire avenant. Il lui plut tout de suite, mais resta de marbre pour mettre de la distance entre eux. Barraba lui demanda de se présenter.

« Vous êtes ?

— Jean-Christophe Cast, de la Gazette Charentaise !

— Asseyez-vous ! Alors M Cast, de quoi voulez-vous m'entretenir ?

— Mon capitaine, je viens pour avoir plus d'informations sur l'agression perpétrée sur la plage de Gatseau hier sur deux jeunes filles. D'ailleurs je vous ai apporté mon journal. Vous pouvez y lire mon article. J'ai un peu brodé par manque d'info, pour faire du texte, mais l'essentiel est là ! Tenez ! »

Il tendit son journal au capitaine qui était resté silencieux tout le temps de son discours. Que cette affaire soit déjà dans la presse ne lui plaisait guère, alors que l'enquête n'avait pas encore vraiment commencé. Il lut posément l'article, laissant planer un silence total pour mettre mal à l'aise le jeune homme et avoir plus d'autorité dessus. Heureusement l'article ne contenait pas toutes les infos, et surtout le nom des jeunes filles. La discrétion est une qualité essentielle dans ce métier. Il fallait museler intelligemment ce jeune fouinard, l'utiliser.

Il reposa le journal, laissa planer un moment le silence avant de reprendre.

« Bien….Qui êtes-vous M Cast ?

— Mon capitaine, voilà ma carte de presse. Je sors de l'école de journalisme, mais mon jeune âge et mon inexpérience, font que je me suis retrouvé dans un journal local, où je suis censé écrire sur les chats écrasés et les chiens perdus ! La rubrique nécrologique aussi, passionnant ! Mais je m'accroche, j'y arriverai, j'aurai ce grand soir ! Auriez-vous au moins une info intéressante, une info qui pourrait déboucher sur quelque chose de positif.

Cast voyait bien qu'il était dans une impasse avec le capitaine et qu'il aurait bien du mal à lui arracher quelques bribes d'information. Il essaya de jouer sur son statut de jeune débutant et qu'il aurait bien besoin d'un petit coup de pouce pour faire décoller sa carrière. Il était le premier sur cette affaire et s'il menait bien sa barque, le rédacteur en chef le considérerait mieux et sa mère serait tellement contente et fière. Une séquence émotion dont les conséquences allaient aller au-delà de ses espérances. Barraba l'interrompit !

« Arrêtez Cast, vous allez me faire pleurer ! Mais….je ne suis pas contre un « deal » entre nous. Vous me donnez vos textes avant publication et si je suis OK, pas de problème. Vous écrirez aussi des infos que je souhaite voir publiées. En échange…. Je m'engage à vous donner quelques scoops en priorité. Des infos sur l'avancement de l'enquête en accord avec ma hiérarchie et le juge. Des renseignements avant la presse nationale. Vous-même, vous vous engagez à me fournir toute information pouvant faire avancer l'enquête. Bien sûr cette conversation n'a jamais existé ! D'accord ? »

Le jeune homme resta un moment interdit devant cette proposition aux directives précises et contraignantes. Mais pouvait-il se permettre de faire la fine bouche ? Il le sentait, il ne retrouverait pas une affaire comme celle-là ! Il rétorqua.

« C'est bon pour moi ! Alors on commence quand ? »

L'enthousiasme du jeune homme amusa Barraba. Sa première impression était la bonne. Il était vraiment sympathique et lui donna un peu d'espoir.

« Ecoutez Cast, pour le moment pas un mot sur l'identité des victimes, ni sur la nature de l'agression !

— Des témoins ! Vous avez bien des témoins ! Je peux les interroger ! Vous avez des noms, des adresses ?

— Bon…. Je les vois cet après-midi. Il suffira que vous vous teniez à proximité pour les voir à la sortie de la gendarmerie. Libre à eux de bien vouloir vous parler ou pas ! C'est votre boulot !

— Merci mon capitaine, je serai là. »

1/12   Pendant que Cast allait prendre un sandwich sur le port, et se mettre en planque, Barraba déjeuna simplement dans l'attente des témoins qu'il avait convoqués. Son idée de faire un « deal » avec ce Cast, lui plaisait à moitié. Il faudra après les auditions, prévenir le colonel et le juge pour avoir leur assentiment.

Il était 14 heures quand Daumier frappa à la porte.

« M Barney mon capitaine.

— Faites entrer. »

Robert Barney entra, quelque peu intimidé, des feuillets à la main.

« Entrez M Barney, et asseyez-vous. Alors, vous avez pu avec votre femme vous souvenir du visage de notre suspect ?

— Voilà mon capitaine ! C'est surtout ma femme qu'il faut féliciter, c'est vraiment ressemblant. Quand elle me l'a montré, j'ai dit : c'est ça ! »

Robert remit le dessin qui avait été réalisé sur du vrai papier à dessin. Les Barney avaient voulu faire les choses bien. C'était les seuls témoins valables qu'il avait pour le moment, et il devait s'appuyer sur leur témoignage pour aller plus avant dans les investigations. Il étudia attentivement le dessin. Il était en couleur, très réaliste. Mais la façon dont Mme Barney avait fait le rendu des yeux, impressionna Barraba. Le dessin était parfait, criant de vérité si bien qu'à les fixer, ils semblaient vivants ! Les yeux, tout était dans ces yeux d'un rouge sang. Les ombres portées, le volume des globes oculaires accentués, donnaient une sensation de volume, comme s'ils sortaient du papier, en relief ! Barraba avait beau tourner la page, l'infléchir de gauche à droite, ils vous suivaient, les yeux vous suivaient ! Rares furent les fois où Barraba eut un mauvais pressentiment – là, il avait un mauvais pressentiment, quelque chose d'inexplicable !

« C'est excellent M Barney ! Vous féliciterez votre épouse pour la qualité de son dessin. En attendant nous allons reprendre point par point votre précédente déposition et voir si vous voudriez y apporter des éléments qui vous seraient revenus dans la nuit ? »

1/13 Barraba raccompagna Robert Barney jusqu'au seuil de la porte. Il rentra dans le bâtiment et le laissa rejoindre le parking. Sur ce même parking se tenait en planque, notre fameux journaliste. Il était là depuis le début de l'après-midi et plus le temps passait plus son attente se manifestait par de l'angoisse, une boule au creux du ventre. C'était en fait sa première interview et malgré un certain culot, il ne se sentait pas sûr de lui. Quand il vit arriver son témoin, il sortit de sa voiture précipitamment et l'interpella.

« Monsieur, je suis Jean-Christophe Cast journaliste à la Gazette Charentaise. Je crois que vous avez été témoin hier, des agressions survenues sur deux jeunes filles. Que s'est-il passé ? Vous pouvez m'en dire plus ? »

Robert se sentit assailli par ce flot de questions et préféra refuser le dialogue. Il s'engouffra dans sa voiture et sortit du parking à toute vitesse, sous le regard d'un Cast dépité. Mais, alors qu'il montait dans sa voiture pour repartir, il vit arriver une femme qu'il supposa être le deuxième témoin évoqué par Barraba. Il se dit que tout n'était pas perdu, qu'il aurait peut-être de quoi étoffer son article. Ce fut le bon choix car quelques temps après il vit la femme ressortir accompagnée par le capitaine. Avant qu'elle ne rejoigne la voiture de ses enfants il l'intercepta.

« Madame, madame, s'il vous plaît ! Je suis journaliste, pouvez-vous me donner votre témoignage, sur ce qui s'est passé ! »

Comme il s'était montré très gentil, Mme Ferrera, ne se fit pas prier. Et elle lui communiqua quelques précisions, des précisions très intéressantes pour gonfler son article. Pendant qu'il notait les propos du témoin, il ne fit pas attention qu'une estafette sortait de la gendarmerie, avec Barraba à son bord.

1/14 « Daumier, direction l'hôpital de Marennes ! »

Arrivés sur place, les deux gendarmes entrèrent directement aux urgences. Ils y retrouvèrent les deux familles éplorées. Le spectacle était vraiment pénible. Voir ces deux femmes en larmes, enlacées, dans une même douleur et les deux pères à l'écart, visages fermés, poings serrés. Le docteur Mauras était là aussi gêné d'avoir à annoncer les mutilations qu'avaient subies leurs filles. Mauras fit les présentations, et il proposa de se réunir dans son bureau.

Mauras essaya d'évoquer avec des mots simples l'étendue des traumatismes endurés. Mais au fur et à mesure les visages des parents se décomposaient. Ils s'imaginaient l'horreur des faits. Il ne leur cacha pas que leurs filles ne reparleraient plus !

Passé un moment, un père se retourna vers Barraba et lui

demanda des précisions sur cette agression. Il y avait dans le ton de la colère et cette volonté d'en savoir davantage sur les causes et sur l'agresseur présumé.

Barraba adopta un ton de circonstance, calme mais déterminé. Il leur fit un vague descriptif des évènements connus de lui, et pour les rassurer, qu'il était déjà sur la piste d'un jeune homme, du fait que des témoins avaient fait un portait de ce dernier. La photo était déjà distribuée dans toutes les brigades et postes de police. Mais à ce moment là, maître Masset s'adressa à lui sur un ton qui ne plut pas à Barraba. Un ton agressif, comme si ça n'allait pas assez vite dans la résolution de l'enquête. Sûrement une attitude façonnée dans les cours de justice, mais plus par la douleur qui le minait, pensa le capitaine.

« Et le car ? Où est passé le car ? »

Barraba fut assez surpris que cette information lui soit arrivée aux oreilles mais, il se dit que cet avocat devait avoir un réseau d'informateurs sur l'île et lui répondit.

« Dès que nous avons connu cet élément, nous avons immédiatement déployé les gendarmes motocyclistes dans toute la région, et hélas aucune nouvelle de ce car pour l'instant !

— C'est quand même fort qu'un car puisse disparaître comme ça ! Je crains certains disfonctionnements, heureusement que j'ai quelques relations qui pourront y palier !

C'est bien ce qu'avait pensé Barraba. Ce Masset risquait bien de lui faire du tort, et influer sur son enquête ! Le docteur Mauras, voyant les choses s'envenimer, trouva un prétexte pour sortir du bureau avec le capitaine et lui dit.

« Veuillez l'excuser capitaine, il a un trop plein de chagrin. Par contre je vous préviens, c'est un sacré emmerdeur ! Il a des appuis importants dans le département, aussi soyez prudent !

— Merci docteur. Et qu'en est-il de l'état de santé des deux filles ?

— Pas très encourageant, non pas sur le sectionnement des langues que nous avons pu suturer, mais aussi sur les conséquences du viol et surtout le traumatisme psychique que nous ne pourrons évaluer que dans quelques temps. Nous avons procédé à une prise de sang et des prélèvements de sperme. Tout ceci étant en analyse actuellement.

— Merci docteur, tenez-moi au courant de l'évolution et mettez de côté vos prélèvements, que je ferai prendre pour notre laboratoire scientifique de Rochefort. Nous pourrons comparer les deux résultats. »

Après avoir salué les deux familles en leur précisant qu'il mettait tout en œuvre pour trouver le coupable, il rejoignit Daumier. Le retour se fit dans le silence. Le capitaine une fois rentré à son bureau, faxa son rapport journalier au colonel Ducros

1/15   Le lendemain matin, Barraba appela le docteur Pons, chef de service au laboratoire central scientifique de la gendarmerie à Rochefort. Il le connaissait bien pour avoir déjà travaillé avec lui et ils étaient devenu très amis.

« Allô…. Manuel, ici Michel.

— Ah, salut Michel. Il semble qu'il y ait eu des problèmes chez toi ?

— Hélas, et c'est pour ça que je t'appelle. Il faudrait faire passer un de tes gars à l'hôpital de Marennes pour récupérer des échantillons de sang et de sperme recueillis sur les deux filles. Il faudra aussi qu'il passe me voir, pour prendre une serviette de bain, appartenant au soi-disant violeur. Tu pourras peut-être y trouver des cheveux ou des poils, pour une analyse ADN. C'est une pièce à conviction très importante qui est référencée : 95/GAT/B01.

— Pas de problème, je t'envoie un gars dans la journée.

— Je préviens le docteur Mauras de son passage. Allez, salut Manuel ! »

Bien qu'il soit loin de toute conclusion, Barraba était assez satisfait de la tournure que prenaient les choses. Un visage, du sperme, une trace éventuelle d'ADN, il avait à sa disposition des éléments probants qui pourraient confondre le suspect – pensait-il.

Daumier entra pour lui annoncer la venue du « fameux » journaliste ! Avec l'accord du capitaine il le fit entrer. Il s'étonna de sa visite.

« Alors M Cast, vous me harcelez ?

— Oh non, mon capitaine, loin de moi cette idée. Mais si vous aviez un petit quelque chose à me mettre sous la dent, pour bâcler mon article ?

— Arrêtez, Cast avec cette attitude de chien battu ! L'affaire commence juste et j'ai pas grand-chose à vous donner. .... quoique.... !

— Quoique ?

— Il y aurait bien un portrait robot à diffuser, mais pas pour l'instant ! J'attends le feu vert du colonel, et si c'est OK, vous en aurez la primeur avant les journaux nationaux ! Vous savez qu'ils sont déjà à l'affût ! Eux aussi ils veulent le scoop ! En attendant, montrez-moi ce que vous avez arraché aux témoins ! ....C'est bon ! Donnez-moi vos coordonnées pour que je puisse vous contacter. Au revoir. »

Une fois Cast sorti, Barraba eut ce petit sourire en pensant qu'il avait outrageusement menti au journaliste. En effet, pour le moment aucune rédaction ne s'était manifestée. En attendant les résultats du labo, ce qui devrait prendre plusieurs jours, il téléphona au colonel Ducros pour lui parler de son intention de se servir des médias pour diffuser le portrait robot du garçon. Le colonel donna son accord, mais refusa qu'on diffuse les noms des jeunes filles, sachant qu'il s'agissait de familles respectables et très connues dans la région. Ils optèrent pour changer les prénoms. Sur ce Barraba appela le journaliste.

« Allô, Cast, vous pouvez passer me voir ? Votre journal sort bien demain ?

— J'arrive ! »

Il demanda à Daumier de faire prévenir les rédactions des journaux nationaux pour les informer d'une conférence de presse le lendemain après-midi. Ce serait juste après la sortie de la Gazette !

Le lendemain après-midi, tous les journalistes des grands quotidiens étaient là.

Le procureur, le colonel et Barraba, se tenaient devant eux afin de leur expliquer la situation et répondre à leurs questions. Dans le fond de la salle, le rédacteur en chef de la Gazette et Cast étaient « dans leurs petits souliers ! » En effet, ils avaient bien mis en évidence sur une table, leur journal avec à la une la fameuse photo du suspect. A la fin de la réunion, tous les journalistes se précipitèrent sur nos deux locaux, avides de questions et comment ils avaient pu être informés en premier. Le patron de Cast ayant une longue expérience dans ce métier, les manipula et ne lâcha que quelques bribes d'info. Tous les correspondants repartirent d'assez mauvaise humeur, avec le sentiment de s'être fait « rouler dans la farine ».

1/16 Septième jour, 9 heures15.

Le téléphone sonna dans le bureau de Barraba celui-ci décrocha.

« Allô, Barraba à l'appareil ! »

On l'avait appelé sur sa ligne directe, sans passer par le standard, ce qui était inhabituel.

« Michel, c'est Manuel ! Je t'appelle au sujet des analyses ! Y a un problème !

— Quel problème ?

— Ecoute, je préfère te voir, je ne peux pas t'expliquer au téléphone. Je suis au labo toute la journée, tu viens quand tu peux.

— J'arrive ! »

Il ouvrit la porte donnant sur l'autre bureau et avertit son bras droit qu'ils partaient ensemble pour le labo de Rochefort. Daumier s'enquit des raisons de ce départ imprévu.

« Y a du nouveau ?

— Oui, et pas du bon semble-t-il ! »

Arrivés dans la cour du labo, ils se dirigèrent vers l'escalier identifié comme étant l'entrée du service du docteur Pons. Daumier resta dans l'estafette tandis que son chef grimpait les escaliers. Le

36

capitaine connaissait par cœur les lieux et se dirigea dans le couloir de droite au bout duquel se tenait le service d'analyses.

C'était le fief de Pons. Très peu de personnes savaient que derrière les murs décrépis du bâtiment, se tenait un des plus perfectionné laboratoire. Il venait d'être refait à neuf, et le matériel installé, des plus sophistiqué. On pouvait voir, du matériel électronique, des microscopes, des écrans, des fours, des ordinateurs et des réservoirs cryogéniques.

Barraba connaissait déjà le labo, mais il ne pouvait y accéder, car il fallait mettre son pouce sur une carte électronique pour déverrouiller la porte. Il sonna et regarda la caméra qui était au plafond afin que de l'autre côté le gardien puisse parfaitement l'identifier. La porte s'ouvrit. Quand il entra, et cela lui faisait le même effet à chaque fois, c'était le silence qui régnait dans la salle. Plusieurs techniciens en blouse blanche s'affairaient devant leur ouvrage. Seule la manipulation des instruments provoquait par ci, par là, des bruits métalliques amplifiés par un environnement carrelé. Le sol et les murs étaient recouverts d'un carrelage blanc immaculé pour des questions évidentes d'hygiène. Personne ne fit attention au nouvel arrivant, sauf Pons qui leva la tête au-dessus de son ordinateur. Il s'étonna de le voir si tôt.

« Ah, c'est toi ? T'as fait vite !

— Ton appel m'a laissé perplexe ! Ce n'est pas dans tes habitudes de me faire languir.

— Viens dans mon bureau on sera plus tranquille ! »

Barraba le suivit non sans se poser des questions. Pourquoi tant de mystère ? Il n'avait jamais vu son collègue dans un état pareil ! Son visage d'ordinaire souriant, était fermé, ce qui ne plut pas au capitaine. Pons, assis enchaîna.

« Tu es certain que Mauras a bien prélevé du sperme du garçon ? Est-il possible qu'il y ait eu une erreur de flacon, une mauvaise manip' ?

— A mon avis non, mais là tu m'inquiètes ? Que se passe-t-il ?

— Pour les filles pas de problème ! L'analyse ADN de leurs

cheveux et de leur sang est parfaite.

— Et pour le garçon ?

— Ce n'est pas un garçon ! Ce n'est pas une fille non plus !

— T'es fou ou quoi ?

— C'est autre chose ! Tu sais de toute ma carrière, j'en ai fait des tests et des tests, mais là, j'ai jamais vu ça ! J'ai repris toutes les analyses, toujours la même conclusion.

— Et alors ?

— C'est complètement dingue ! C'est un ADN moitié humain, moitié animal ! On est entre les deux ! »

Pons se leva et proposa à Barraba de venir voir sur son P.C. les images significatives des gènes. Des bandes verticales constituées de petits tirets horizontaux, les marqueurs, s'alignaient sur l'écran. Pons expliqua.

« Tu vois là, c'est un gène d'un être humain mâle. Et là celui du garçon.

Rien de comparable, juste quelques analogies. Et là, c'est celui d'un animal. Pareil, on trouve quelques similitudes !

— Ce n'est pas possible ! T'es sûr de ton coup ?

— Pour moi on est devant un mystère génétique, et nous devons être très prudents pour la suite. Les rapports sont dans mon coffre, tu es le seul à être informé, même les gars du labo ne savent rien. Les échantillons sont aussi gardés dans une cuve fermée à clé. Je dois t'avouer que si le procureur ou Ducros veulent les résultats, on va être mal ! Je serais tenté de les détruire, mais se sont des pièces à conviction, donc on garde jusqu'à l'arrestation du suspect.

— Tu sais ça me fait penser au Minotaure ! Mi humain, mi animal ! Mais là on n'est pas dans la mythologie grecque et on a deux filles mutilées ! »

Le silence s'installa dans le bureau, chacun tournant en rond, tout à leur réflexion, la tête pleine d'interrogations. En tout cas, ils s'étaient mis d'accord, il fallait garder le secret. Avaient-ils affaire à une modification génétique, fruit de quelques savants fous ? Ils avaient un secret sur les bras et se demandaient comment cette situation allait évoluer.

Les deux gendarmes se quittèrent sur le perron et Barraba monta dans l'estafette. Daumier remarqua tout de suite la mine contrariée de son chef, mais se garda bien de toute question. Juste démarrer .

1/17   Et puis le temps passa, aucune nouvelle concernant le suspect. Barraba avait tout verrouillé. Cast avait été obligé de modifier les prénoms pour écrire son article et il venait de temps en temps aux nouvelles. Mais il obtenait toujours la même réponse - rien de nouveau. Si bien qu'il retourna à ses rubriques préférées les chiens, les chats, les décès ! Quant au secret, il était bien rangé dans le coffre de Pons. Obligé, il faxa le rapport sur les analyses à Ducros mais resta très évasif. Le garçon n'était pas fiché ! Mais dans son esprit, ce n'était pas un garçon mais – *Une chose !*

Un matin, Daumier entra dans le bureau pour y déposer des papiers, et lança à la cantonade !

« Et alors les filles, qu'est-ce qu'elles deviennent ?

— Tiens vous avez raison, j'appelle Mauras. Allô, docteur Mauras ici Barraba, je venais aux nouvelles.

— Comment, vous ne savez pas ?

— Que devrais-je savoir ?

— Ben, elles ont quitté l'hôpital !

— Comment ça, quitté l'hôpital ?

— Les parents après quelques temps, voyant qu'elles allaient mieux, ont préféré les envoyer dans une clinique privée du côté de Saintes. Le père de Marie Masset, l'avocat, connaît le directeur et elles ont été transférées là-bas. C'est le docteur Vertuis qui dirige la clinique. C'est un excellent confrère, très compétent pour ce qu'elles ont !

— Pour ce qu'elles ont ?

— Ah, oui, j'avais oublié de vous dire qu'il s'agit d'une clinique spécialisée.

— Spécialisée en quoi ?

— Pour tout ce qui est maladies mentales et problèmes psychologiques.

— Ah, je vois. Pouvez-vous me donner leur adresse et téléphone….Merci à bientôt. »

Il raccrocha. Il se dit qu'en fait, il n'avait pas vraiment vu les filles de près. Elles étaient déjà dans l'ambulance quand il croisa le médecin, et isolées quand il vint à l'hôpital. Les deux photos étaient celles de leur carte d'identité. Deux belles jeunes filles insouciantes, heureuses de vivre et qui avaient été brisées dans leur adolescence. Il fut agacé par, cette lacune, un manquement à sa rigueur habituelle. Il décida de se rendre immédiatement à cette clinique. Fort des renseignements fournis par Mauras, il téléphona au docteur Vertuis.

« Allô, docteur Vertuis ?

— Lui-même !

— Ici le capitaine Barraba de la gendarmerie de St Trojan. J'enquête sur l'agression dont ont été victimes les demoiselles Masset et Liouret. J'ai appris qu'elles avaient été hospitalisées chez vous, et je souhaiterais vous rencontrer pour que vous me donniez votre avis sur leur état de santé, présent et futur.

— Je ne sais pas si je peux……vous comprenez, maître Masset…..

— Je crois que vous ne comprenez pas ! J'agis dans le cadre d'une commission rogatoire, et vous ne pouvez vous y soustraire !

— Bon, d'accord, mais j'en informe les parents.

— A tout à l'heure vers 14 heures environ ! »

Barraba avait terminé cette conversation, assez énervé. Il avait dû employer un ton autoritaire face à ce qui semblait être une dérobade du docteur Vertuis. Avait-il quelque chose à cacher ? Il relut une énième fois le dossier et appela Daumier.

« Daumier, nous partons après le déjeuner à Saintes. Trouvez-moi l'adresse de la clinique… De la Forêt. »

1/18 L'estafette avait roulé bon train et c'est vers 14 heures qu'elle se gara devant la grille d'entrée de la clinique. Une plaque de laiton poli, sur laquelle on pouvait lire - Clinique de la Forêt - Maison de repos - confirma qu'ils étaient à la bonne adresse. De chaque côté de la grille en fer forgé recouvert de tôles, courait un mur d'enceinte assez haut, pour empêcher toute personne de s'enfuir, tout au moins par là ! C'est ce qui était venu à l'esprit de Barraba, immédiatement renforcé dans son opinion, par la même approche de Daumier.

« C'est une prison ou un hôpital ? D'un côté ça empêche les « foldingues » de se faire la malle, mais aussi de voir ce qui s'y passe !

— Les deux, Daumier ! »

Barraba descendit de l'estafette et se dirigea vers l'interphone placé sur le poteau. Deux caméras placées de chaque côté sur le haut du mur, permettaient aux surveillants, d'avoir une parfaite vue sur les visiteurs. Il sonna.

« Oui ?

— Je suis le capitaine de gendarmerie, j'ai rendez-vous avec le docteur Vertuis !

— Ne bougez pas, je me renseigne! ....C'est d'accord je vous ouvre ! »

Une action électrique déclencha la gâche, une machinerie se mit en route et le lourd portail s'ouvrit lentement pendant qu'il remontait dans le véhicule. Passant la grille, ils purent voir dans une cabine, un gardien dont la corpulence laissait songeur. Remontant à petite vitesse l'allée menant vers les bâtiments, ils purent observer quelques patients dans des fauteuils roulants, poussés par des infirmiers en blouse blanche. Vertuis les attendait, debout en haut de l'escalier principal sous une superbe marquise. Cet immeuble ancien mais parfaitement entretenu, en imposait. Le parc arboré plut aussi à Barraba. On y voyait des arbres magnifiques, sûrement centenaires et des arbustes taillés en formes géométriques sur une pelouse rase d'un vert profond. Calme et sérénité, c'était vraiment l'endroit idéal pour se reconstruire songea Barraba avant de descendre pour rejoindre le docteur. Il demanda à Daumier de rester dans le véhicule.

« Bonjour docteur, je vous suis ! »

Précédé par le docteur, en parcourant les couloirs, le capitaine constata que l'intérieur avait été complètement relooké moderne, tranchant avec l'aspect ancien de la façade. Le bureau dans lequel ils entrèrent présentait un design très contemporain. Barraba s'était attendu à entendre, comme dans un asile, des pleurs, des cris, à voir déambuler des malades, mais là non, rien, silence total. Il pensa que l'utilisation de quelques drogues calmantes, en était la cause. Assis dans un confortable fauteuil en cuir, il enchaîna.

« Docteur, vous connaissez l'histoire. Le docteur Mauras a dû vous faire un rapport circonstancié des évènements et des raisons qui ont amené les parents à vous confier leurs filles. Néanmoins, j'avoue ne pas avoir revu les filles depuis le jour de l'agression, et c'est pourquoi je vous demande de me les présenter aujourd'hui. »

Derrière ses grosses lunettes de myope, cerclées d'une monture noire, le docteur avait laissé s'exprimer le capitaine sans l'interrompre. Il laissa passer volontairement un moment de silence, peut-être pour mieux l'impressionner.

Il reprit.

« Vous voulez vraiment les voir? ….Vous avez une idée de ce qu'elles sont devenues ?......Vous savez que vous n'obtiendrez rien d'elles ! Alors allons y ! »

Ils prirent un couloir immaculé, avec juste quelques tableaux pastel au mur. Maison de repos, pensa Barraba, pour sûr que cette ambiance était calculée pour que les patients se sentent en sécurité, en confiance - un endroit reposant.

Après avoir ouvert une porte en verre « Sécurit » avec un badge électronique ils accédèrent à un petit couloir où il n'y avait que deux chambres. L'une en face de l'autre. Vertuis avant d'y arriver précisa.

« Nous allons les observer par l'oculus vitré des portes. Je ne souhaite pas que des étrangers viennent les perturber. Elles sont encore très fragiles. Encore aujourd'hui, l'approche est difficile et comme je vous le disais tout à l'heure, vous ne pourrez les interroger ! Si vous le voulez vous pouvez observer Laure, là dans cette chambre. »

Barraba se pencha et jeta un œil dans la chambre. Enfin il allait pouvoir les voir de visu, mais ce qu'il vit le laissa muet de stupeur et d'incompréhension. Un choc brutal, imprévisible, qui lui fit venir les larmes aux yeux. Vertuis placé en retrait, pouvait voir le visage du capitaine se décomposer. Il savait à l'avance ce qui allait arriver.

La gamine, Laure, ce n'était plus la même que sur la photo d'identité ! Elle avait vieilli d'une façon exagérée, en si peu de temps que cela semblait impossible. On aurait dit une petite vieille, le visage ridé, fanée comme une jolie fleur trop vite desséchée. Recroquevillée, elle tournait en rond, habillée de sa seule chemise de nuit. Elle allait et venait d'un côté à l'autre du lit, ses longs cheveux défaits, qui avaient été si blonds, étaient devenus gris. La tête basse, sans un regard vers la porte, et malgré l'amputation de sa langue, elle arrivait à marmonner entre ses dents des paroles confuses. Elle semblait calme, mais soudain, apercevant Barraba à la porte, elle entra dans une colère folle, des sons hostiles sortaient de sa bouche, prenant tout ce qui était à portée de main et les jetant. Barraba effrayé recula et paniqué, regarda Vertuis . Ce dernier lui fit signe de garder son calme, tout en appelant sur son téléphone. Deux infirmiers assez costauds arrivèrent en courant, entrèrent dans la chambre, saisirent Laure et la plaquèrent sur le lit lui parlant doucement tout en lui injectant une quelconque drogue apaisante. Vertuis entraîna Barraba vers l'autre chambre, tout en lui expliquant les raisons de cette crise.

« Une crise clastique, fréquente chez de tels sujets. Mais ne vous inquiétez pas, nous allons bien nous occuper d'elle. Avec le temps cela va disparaître, avec des médicaments en plus, bien sûr. Hélas, le traumatisme a été trop violent, son psychisme est trop atteint, et la science ne pourra lui être d'aucun secours, c'est irréversible. Heureusement ses parents seront là pour l'aider. Surtout, n'en parlez pas aux parents, surtout maître Masset un ami, que je préserve.

— Et Marie ?

— C'est tout à fait différent ! »

Ils traversèrent le couloir en direction de l'autre porte. Barraba se demandait bien ce qu'avait voulu entendre le docteur par : c'est tout à fait différent !

Différent ! C'était quoi différent ? Plus il avançait dans cette enquête, plus son esprit cartésien était mis à mal. Il était confronté à des éléments inexplicables. De l'ADN modifié, la déchéance physique de Laure en si peu de temps. Et ce n'était pas sans une certaine inquiétude qu'il se dirigeait maintenant vers la chambre de Marie. Il jeta un coup d'œil furtif au travers de la vitre. Mais cette pièce était pratiquement dans la pénombre, et il ne put du premier coup apercevoir la jeune fille. Dans cette ambiance nuancée de blanc et de gris, il vit une forme allongée sur le lit. Les draps étaient remontés jusqu'au menton, la tête enfouie dans l'oreiller, parfaitement immobile, on ne pouvait apercevoir que le visage de Marie. Barraba jeta un coup d'oeil interrogateur à Vertuis.

« Je vous l'avais dit ! Tout à fait différent ! C'est à l'opposé de Laure qui elle, manifeste de la sénescence, au contraire Marie a un visage reposé, elle est resplendissante ! Venez, vous pouvez entrer. »

Ils entrèrent à pas feutrés, et s'approchèrent de Marie. Barraba eut un coup au cœur ! Vertuis avait raison, complètement différente. Son visage plutôt pâle malgré des joues rebondies et légèrement rosies, était serein. Pendant le peu de temps qu'il passa au chevet de Marie, Barraba observa que cette sérénité était accentuée par un léger rictus qui donnait l'impression d'un sourire contenu. De plus, pas une fois elle n'ouvrit les yeux ? Ce qui l'étonna et questionna Vertuis.

« Elle dort ?

— Venez on sort ! »

Vertuis, en prononçant ces quelques mots à voix basse, tout en se dirigeant vers le bureau, manifestait de la gêne, comme de l'impuissance.

« Non, elle ne dort pas ! Mais depuis son admission, elle n'a pas ouvert les yeux ! Elle n'a pas ouvert la bouche en notre présence, mais une chose est sûre, elle mange tout son plateau repas ! Ce qui est bon signe.

— Mais comment expliquer cette différence entre elles ? Ne serait-ce pas lié au viol ? Elles sont peut-être enceintes, cela aurait-il des conséquences sur leur métabolisme ?

— Rien n'est moins sûr ! Anabolisme pour l'une, catabolisme pour l'autre ? Je n'ai pas d'avis formel. Ça reste un mystère. »

Les deux hommes étaient arrivés au pied du perron et se saluè-rent. Barraba lui demanda expressément de le tenir informé sur l'évolution de l'état de santé des jeunes filles. Rejoignant Daumier qui avait lancé le moteur, il réfléchissait aux paroles du docteur. Se remémorant les conclusions de Pons, il se demandait si ce qu'il appelait – *le monstre* – n'était pas à l'origine de cette évolution ? C'est très ému qu'il monta dans l'estafette, sous le regard scrutateur de Daumier. Mais il ne lui adressa pas un mot. Plongé dans ses pensées, revoyant l'image affreuse de Laure, il mit ses mains devant ses yeux larmoyants, et dans un souffle murmura : « *possédées, elles sont comme possédées ! »*

1/19 Pendant ce temps, alors que les deux gendarmes sortaient de la clinique, ni Barraba , ni Vertuis ne pouvaient imaginer ce qui se passait dans la chambre de Marie. Une fois seule, elle ouvrit les yeux. Deux globes dilatés apparurent, dont la cornée d'un rouge vif, injectée de sang, faisait ressortir d'avantage un iris couleur éme-raude. Ses yeux fixaient le plafond, comme si elle y voyait quelque chose ou quelqu'un? Et son sourire s'accentua!

Sa bouche entre'ouverte laissait voir un moignon de langue qui remuait comme si elle parlait à quelqu'un?

2

Lettre à Elise.

(Partie d'une œuvre de Beethoven)

22 juillet 1995, 14 heures 30 environ.

2/1 Les premiers vacanciers venus se faire dorer sur l'île d'Oléron, avaient plié bagages. Les juilletistes de la première quinzaine, étaient repartis avec en mémoire, pour ne pas dire en souvenir, l'horrible fait divers survenu quelques jours auparavant. Les lecteurs de la Gazette et autres journaux ainsi que la télé régionale, avaient fait un large écho aux évènements. Sans conclusion officielle, toutes les supputations allaient bon train. Dans les campings, sur les marchés, ceux qui n'étaient pas au courant, le devenaient forcément. Enfin, ils arrivaient avec une bonne dose d'optimisme et d'insouciance, d'autres informations prenant le dessus sur cette affaire, ils n'avaient plus qu'une idée en tête, profiter du soleil et de la mer.

Un seul objectif : passer de bonnes vacances.

Cast avait entretenu quelque temps l'attention des touristes avec des articles faisant la part belle, plus à son imagination qu'à des faits réels. Puis, n'ayant plus de substance, il retourna à ses articles de prédilection, avec en plus la météo !

C'est à cette date, que Joseph Philippi choisit de venir en vacances sur l'île. De revenir, car sa famille était installée à St Trojan depuis plusieurs générations. Ses parents y avaient une superbe propriété où il pouvait loger avec sa femme Aline et son fils Adrien. Son père était un très gros entrepreneur de travaux publics de la région et faisait partie des notables locaux. Bizarrement tous les marchés publics importants de la région lui revenaient ? Au grand dam de ses concurrents, qui hélas ne pouvaient prouver quelques abus. A la Gazette Charentaise, le rédacteur en chef avait eu vent de ces arrangements, mais son dossier ne tenait pas la route. Il préférait le laisser en suspend dans l'attente d'une information probante et vérifiable.

Il y avait longtemps que Joseph n'était pas revenu à Gatseau et il voulait absolument faire découvrir cette superbe plage à sa femme et à son fils. La dernière fois qu'il était venu, c'était avant de partir à l'armée. Il avait fêté son départ avec des copains de la même classe, et avaient enterré leur vie de garçon de belle façon.

Une fois incorporé dans le génie, il passa tous ses permis, et les fit valider à son retour. Mais celui qui lui tenait à cœur, c'était le permis poids lourd. Déjà adolescent il se voyait routier. Conduire un gros camion, c'était son rêve. Et s'il pouvait conduire à l'international ce serait fabuleux, il pourrait voyager tout en travaillant.

Il faut reconnaître que Joseph avait de bonnes dispositions physiques pour faire ce métier. Impressionné par son gabarit – 1m95 pour 120 kg - personne ne lui cherchait des crosses, surtout qu'il était d'un caractère assez vindicatif. Parmi les routiers, il passait pour un méchant à l'esprit peu développé, qui cherchait bagarre pour un oui, pour un non, sûr de sa force. La bonne bouffe et la bière étaient son quotidien. Malgré un ventre énorme, gonflé comme une baudruche, il se croyait irrésistible auprès des serveuses, débitant des vannes oiseuses. Du haut de sa cabine il aimait mater les cuisses des automobilistes et ouvrant sa glace, lançait des répliques salaces.

Cette position dominante, lui donnait l'impression d'être un « *Dieu* » un être au dessus des autres, irrésistible. Un « *Dieu* » en salopette graisseuse, un « *Dieu* » au parfum d'huile de vidange.

En fait, tout le monde prenait Big-Jo pour un gros con ! Big-jo le surnom que lui avait attribué l'ensemble de ses coéquipiers. Il se gara dans le parking de la plage. Surpris par l'agencement parfait des places de parking qui n'étaient pas en oeuvre quand il y venait avec ses potes, quelques années auparavant.

Ils traversèrent la plage dans sa longueur, pour se retrouver dans un coin assez discret, avec quelques arbustes et quelques buttes de sable. Aline voulait faire les seins nus, et préférait être isolée pour qu'on ne la voie pas. Dans un creux derrière un sapin, ils trouvèrent l'endroit idéal. Aline installa le parasol déroula les serviettes, passa de la crème sur le visage et les épaules d'Adrien. Il était temps d'aller se baigner, elle proposa à Joseph de venir.

« Bon, nous on y va ! Tu viens te baigner ?

— Pas pour le moment, chérie, je voudrais terminer mon bouquin. »

Aline et son fils partirent en courant, laissant son mari finir son San-Antonio.

Big-Jo, repu après un copieux repas, sentait le sommeil le gagner. Il déposa son livre et rota ! Mais il commençait à sombrer quand ses sens se mirent en alerte ! Il y avait comme un changement, quelque chose de vague, de diffus ! Il se concentra et écouta ! Rien! Il n'entendait plus aucun son ! En temps normal il aurait entendu le ressac, les cris des mouettes, ceux de enfants, mais là rien !

Comme si le temps s'était arrêté. Instinctivement, il regarda sa montre, car il n'avait aucune notion du temps qui s'était écoulé depuis le départ d'Aline et Adrien. Il était 15 heures 00.

Il aimait bien cette montre, une montre en acier au calibre de

42 mm, lourde, comme il avait toujours rêvé d'avoir. Il l'avait rapportée d'Italie. Achetée pas chère sous le manteau, à un petit trafiquant dans le port de Gênes. Mais ce n'était pas une montre comme toutes les autres ! En plus de son aspect massif, qui allait bien avec la corpulence de Big-Jo, elle avait une particularité ! Elle jouait un petit air de musique à l'heure programmée. Une petite musique, quelques notes connues par tous les apprentis pianistes « *didadidadidadam* ». L'introduction de la Lettre à Elise de Beethoven. Il se disait que ça valait le coup de profiter de ses voyages à l'étranger pour faire des affaires.

Dans le port de Gênes il connaissait des trafiquants qui lui remettaient quelques cartons. Il ne connaissait ni leur contenu, ni leur provenance. Seulement la destination, un entrepôt à Marseille, où il déposait les cartons, touchait son fric et « basta ! ». Cela arrondissait ses fins de mois dans l'idée de faire construire une maison dans la région.

Intrigué par ce silence, il pensa tout de suite à Aline et à Adrien. Il fronça les sourcils, il n'aimait pas ça du tout ! D'un bond il se leva, escalada le petit monticule qui le cachait de la mer, les chercha du regard, balayant des yeux la plage, de droite à gauche. Il les vit, là-bas au loin marchant tranquillement la main dans la main. Personne, semblait-il, sur la plage n'avait remarqué un quelconque changement. Tout le monde vaquait à ses occupations estivales en toute sérénité. Même sa femme le voyant, lui fit signe de la main, aucunement perturbée. Arrivée à sa hauteur, regardant par dessus l'épaule de Joseph, son visage se décomposa ! Joseph s'inquiéta de cette peur soudaine.

« Y a quelque chose qui va pas ? »

Elle ne répondit pas ! Elle prit son fils dans ses bras comme pour le protéger !

Ils étaient là !

Des « moines » juste assis en tailleur derrière le parasol, encadrant celui-ci, formant un demi cercle. Big-Jo, se retournant, resta bouche bée un instant, interdit. Comment avaient-ils pu s'installer là, à quelques mètres de lui sans qu'il ne les ait entendus s'installer ?

Comment cela était-il possible ? Il les compta. 13, ils étaient 13. 6 à droite et 6 à gauche avec au centre un treizième plus grand et plus massif.

C'était très impressionnant de voir cet alignement, des hommes immobiles dans un silence total. Même Big-Jo, était frappé par ce spectacle, pourtant il n'était pas du genre à être intimidé par quoi que ce soit. En plus, ils étaient tous vêtus d'une bure de toile épaisse, marron et grossière. Les capuchons dépassaient largement et ne permettaient pas de voir les visages. Les mains enfoncées dans les manches n'étaient pas visibles non plus. Seuls des signes cabalistiques, tous identiques, apparaissaient sur la poitrine, imprimés sur le tissu. Trois 6, d'un rouge sang, formant un triangle. Tous avaient la tête baissée.

Il en fallait plus pour décontenancer Big-Jo. Passé le moment de surprise, il aboya.

« C'est quoi ce bordel ? »

Bien sûr, aucune réponse, mais un chant lugubre, une plainte à la tonalité gutturale montait de dessous les capuches. D'abord faible, puis de plus en plus fort au fur et à mesure que les « moines » soulevaient un à un leur tête. Le premier à gauche lui fit face. Mais le visage n'était pas visible, caché dans la pénombre de la capuche. A la place des yeux, soudain deux lumières rouges jaillirent comme s'ils contenaient de la luciférine, provoquant ainsi cette émanation lumineuse. L'un après l'autre, les douze moines relevèrent la tête, fixant le visage de Big-Jo. Seul, celui du centre restait encore penché en avant. Aline vit alors que les lumières rouges se concentraient en un seul point sur le front de son mari, comme celles des lunettes de visée des policiers. Elle entra en transe, son fils dans les bras et s'enfuit vers la mer. Big-Jo ne se rendit pas compte de ce fait et continua à les insulter.

« Qu'est-ce que vous voulez ? La castagne ? Vous allez être servis bande de cons ! Vous croyez me faire peur ? Allez, venez, on va faire joujou ! »

Mais les menaces ne semblaient pas impressionner le groupe, bien au contraire, le chant s'amplifia. Big-Jo, n'en pouvant plus, fit un pas en avant.

A ce moment là, le chant s'arrêta net . Il resta coi, interdit. Alors lentement dans un silence total, le « Maître » releva la tête. Malgré l'ombre formée par la capuche, Big-Jo eut le temps d'apercevoir, en dehors des deux yeux rougeoyants, un visage angulaire et une petite barbiche pointue. De ses yeux, deux rayons d'une lumière rouge intense, vinrent se positionner sur son front, confondus avec les 24 autres, ne formant plus qu'un.

Sa tête explosa !

En fait pas tout de suite ! Dans un premier temps, elle devint toute rouge, cramoisie. Tandis qu'elle enflait, des pustules noirâtres apparurent sur le visage, d'où sortait de l'humeur par jets successifs. Des boursouflures des cloques brûlantes explosaient comme des cratères de feu. Ses yeux sortirent de leurs orbites, les globes oculaires s'ouvrirent en deux, laissant dégouliner l'humeur aqueuse bouillonnante. On aurait dit que la tête de Big-Jo était passée dans un four micro-ondes - un gros four !

Dans le cerveau la matière grise était en ébullition, laissant filer par les oreilles et les narines des jets de fumée blanchâtre, mêlés à des particules sanguines. Le cerveau se liquéfiait et coulait maintenant par les mêmes orifices. La pression était énorme dans la boîte crânienne, la tête enfla davantage, sa langue sortit exagérément. Pris dans un tourbillon de douleur, Big-Jo, remonta la butte de sable et fila vers la mer, se tenant la tête à deux mains.

Et c'est là, qu'elle explosa !

Heureusement qu'Aline avait emmené Adrien au loin, car le spectacle était insoutenable. Tous les vacanciers présents sur la plage à ce moment là, étaient consternés par ce qu'ils voyaient. Et ce n'était pas fini !

C'est au bord de l'eau que ça arriva. Quand la tête explosa, ce fut comme une détonation et tous les gens tournèrent la tête, stupéfaits de voir que, celle-ci volait en éclat, éparpillant une multitude de fragments de chair, d'os, de dents, de cheveux. Mais le plus incroyable se fut de se rendre compte que la tête avait disparu au raz du cou, tranchée. Mais, que malgré ça, Big-Jo continuait à courir comme le font certains animaux une fois la tête coupée ! Plus horrible encore, c'était que les gens le suivant des yeux, pouvaient distinguer que, de son cou sortaient, comme des tuyaux, la trachée artère qui lançait des volutes de fumée, l'artère carotide d'où sortait des giclées de sang, au rythme du cœur, de l'œsophage, du vomi qui dégoulinait sur son ventre. Une scène d'horreur tellement invraisemblable que les gens en étaient atterrés.

Tous les gens proches étaient figés par la stupeur. Ils virent alors Big-Jo, s'enfoncer dans la mer, les bras en croix. La mer était haute, il avança, l'eau lui arrivant à la taille, puis au torse, puis plus rien. Big-Jo avait disparu !

Une traînée de sang marquait son passage, des bulles s'élevaient en bouillon là où il avait été englouti. Puis les vagues effacèrent le tout.

Et dans un silence impressionnant, une plainte s'éleva.

« Non…..Joseph ….Non….. »

Tout le monde se retourna pour voir qui était à l'origine de ce cri de douleur.

Aline, à genoux, serrant son fils dans ses bras, se lamentait du drame qu'elle venait de vivre en direct.

Personne ne savait que faire, il y eut un moment de flottement parmi la foule et puis quelqu'un cria qu'il allait prévenir le maître-nageur !

2/2 Clément tout en écoutant le récit des évènements par le témoin, tapait le numéro de téléphone de la gendarmerie. Il n'en croyait pas ses oreilles. Le déroulement des faits relatés par cet homme, le laissait perplexe. Deux incidents gravissimes en un peu moins d'un mois, ce n'était pas possible ! Une plage - sa plage - réputée tranquille, devenait un endroit chaotique, lui faisant une publicité des plus détestable. On répondit au bout du fil.

« Allô, capitaine, ici Clément ! Encore un merdier pas possible ! Et là c'est plus grave, y a un mort ! »

Et il raconta les faits tels que décrits par le vacancier.

Barraba lui demanda alors.

« Ecoute, tu restes près de la femme et tu rallies le plus de témoins directs de cet incident. J'arrive ! ....   Daumier ! »

A toute vitesse les deux hommes rejoignirent la plage. Barraba expliqua à un Daumier abasourdi, les éléments dont il disposait. Ils se garèrent au même endroit que le mois passé, pour un autre épisode tout aussi tragique et qu'ils avaient bien encore en mémoire. Derrière eux, sur la route dans la forêt, on pouvait entendre aussi les sirènes des pompiers qui arrivaient à toute allure.

Les deux gendarmes coururent vers un attroupement créé par Clément. Il avait eu la bonne idée de faire un cordon humain avec les témoins, afin de préserver les lieux et de ne pas perdre des indices ou souiller la zone concernée.

Barraba vint vers Clément qui lui définit la zone et lui présenta les témoins les plus directs. Enfin, il l'amena près d'Aline et de son fils, qui avaient trouvé refuge sous un parasol voisin. Pendant ce temps, Daumier avec l'aide de Clément et des pompiers, délimitait la zone avec des bandes de couleur, prévues pour cela. Pendant que le capitaine prenait des notes auprès d'Aline, Daumier et les autres regardaient les traces laissées par l'explosion de la tête de Big-Jo.

Tous étaient circonspects, s'interrogeant d'une manière prudente et réfléchie sur le pourquoi du comment ! Barraba aidé par Daumier interrogea les témoins, mais ceux-ci ne purent que raconter d'une façon unanime, la phase finale des évènements - la tête qui explose et la disparition de l'homme dans la mer ! Il restait à Barraba le témoignage de la femme de Big-Jo. Mais celle-ci, en pleurs, au bord de la crise de nerfs, ne pouvait encore donner des explications sur ce qui était arrivé. Elle put néanmoins lui indiquer l'endroit de leur campement et une vague histoire de moines ! Barraba, se rendit à l'emplacement indiqué, mais point de moines à l'horizon ? Il ramassa les affaires d'Aline. S'adressant à Daumier il lui donna des consignes.

« Daumier remettez ces affaires à madame Philippi, je garde les pièces d'identité pour l'instant. Vous demandez aux pompiers de l'emmener chez Mauras pour lui donner un calmant, je la rejoindrai plus tard, vous appelez le colonel Ducros pour lui faire part des évènements et qu'il m'envoie une brigade pour inspecter les lieux, et enfin, à Mauras, que je lui envoie une patiente avec son fils et que j'arrive. »

Puis, il fit le tri des témoins les plus importants et renvoya les autres. Il demanda à l'adjudant des pompiers de faire venir une équipe de plongeurs pour sonder la mer à la recherche du corps, et de surveiller la zone en attendant ses hommes. Il lui indiqua.

« Il s'agit d'un homme de forte corpulence, sans tête ! Notez qu'il s'appelle Joseph Philippi .

— Mais je connais les Philippi ! Ce sont de gros entrepreneurs de travaux publics à St Trojan. Ben, dites donc, ça va faire du bruit dans la région, toutes ces histoires ! On n'est pas habitué. En tout cas avec vous on ne chôme pas !

— Je m'en passerais bien ! Bon, je vais tâcher de les joindre ! Surtout pas un mot et encore moins à la presse ! OK ? »

L'adjudant repartait avec ses hommes quand arrivèrent les renforts demandés.
Barraba leur donna leur mission.

« Bon, messieurs, vous mettez vos gants, vos sur-chaussures, prenez des sacs plastiques, et vous me balayez la zone que Daumier a délimitée. Vous ramassez tout ce que vous trouvez, la routine, quoi ! Une autre équipe, ratissera le creux derrière la butte, là où les Philippi s'étaient installés. Daumier vous collationnerez les échantillons, pour Rochefort. Je retourne au poste, vous prendrez le véhicule de vos collègues, à tout à l'heure. »

Barraba se mit au volant et repartit. Arrivé à destination, il consulta les documents laissés par Aline et trouva son agenda, où figurait le téléphone de ses beaux- parents. Il composa le numéro.

« Allô…..M Phillipi ? Ici le capitaine Barraba, puis-je venir vous voir de suite ? »

Sans vouloir s'exprimer sur la raison de son appel, il leur donna rendez-vous dans l'immédiat. Il pensait qu'une explication verbale, valait mieux dans ces cas là, qu'un simple coup de fil.

2/3   Arrivé à l'adresse indiquée, il se gara devant une superbe propriété en bordure de mer. Une bâtisse typiquement charentaise, faite de pierres de taille du pays. Sur le perron, le couple Phillipi attendait la venue de ce capitaine inconnu jusqu'alors. Le voyant l'homme actionna une télécommande et la lourde grille en fer forgé s'ouvrit, laissant le passage au gendarme. Un fois le contact fermé, Barraba, monta les marches vers eux.

L'anxiété se lisait sur leurs visages. La femme se tordait les mains, minée par l'angoisse d'apprendre une mauvaise nouvelle - un gendarme qui vient, c'est jamais pour une bonne nouvelle ! Barraba avait horreur d'effectuer cette démarche, mais ce fut avec un visage de circonstance qu'il vint vers eux. Il fut invité à entrer au salon. Passé un moment de silence, il se lança.

« Madame, Monsieur, j'arrive de la plage de Gatseau….. »

La mère de Joseph s'effondra en larmes, son père serra les poings, brisé. Tout de suite, ils voulurent en savoir plus sur l'état de santé de leur belle-fille et de leur petit-fils. Barraba les rassura, et les invita à se rendre à l'hôpital de Marennes et de demander le docteur Mauras. Mais avant cela, il leur demanda s'ils avaient une idée sur qui ou pourquoi, on aurait pu en vouloir à leur fils.
Devant la négative, il les salua et repartit au bureau.

Daumier l'attendait avec une multitude de sacs en plastique, dont les contenus étaient peu ragoûtants. Il lui demanda de se rendre aussitôt à Rochefort, et de les remettre en main propre à Pons.

« Au fait, je pars à Marennes prendre des nouvelles de Madame Phillipi, et essayer d'en savoir un peu plus sur ces « moines » ! J'espère qu'elle sera remise de ses émotions et qu'elle pourra nous éclairer sur cette scène assez extravagante. »

Barraba, restait assez dubitatif sur cette histoire de « moines ». Et pourtant il essayait de faire un lien entre ces deux affaires, aussi horribles l'une que l'autre, mais aussi très mystérieuses. Mais quel lien ? Il prit sa sacoche et se dirigea vers le parking. Il fit quelques mètres et là, il l'aperçut !

2/4 Assis sur le rebord de l'aile de sa voiture le petit boutonneux, manifestement n'attendait que lui ! J.C. Cast avec un large sourire se dirigea vers lui la main tendue et lui demanda.

« Alors mon capitaine, on nage en plein délire - enfin pour une noyade - c'est j'avoue, un très mauvais jeu de mots. A ce que je sais, c'est un homme qui se serait noyé ? Encore sur la plage de Gatseau ! Ça fait un peu désordre ! Deux incidents graves, en moins d'un mois ? Du jamais vu sur l'île depuis la guerre ! Bref, vous avez un petit quelque chose pour moi ? »

Barraba en le voyant arriver vers lui, eut une petite grimace. Il l'avait complètement oublié, trop préoccupé par ce qui se passait dans son secteur, mais à première vue, pas lui ! Il lui signala.

« Cast, j'ai pas trop le temps maintenant, mais je confirme qu'il s'agit bien d'une noyade, un adulte a disparu dans la baie devant sa femme et son fils. Les recherches sont engagées par les marins pompiers, mais le corps n'a pas été retrouvé au moment où je vous parle. La femme et l'enfant vont bien. Un suivi psychologique a été mis en place. Je ne donne pas de nom par respect pour la famille. Mais je vous fais remarquer que vous êtes encore une fois, le premier informé ! Voilà à plus tard, je vous appelle si j'ai du nouveau. »

Il le laissa sur place, monta dans sa voiture, enfin libéré de cette « verrue » ! Cast restait sur sa faim.

C'était vraiment maigre comme information, mais déjà il concoctait le texte de son prochain article. Il fallait faire vite avant la clôture du journal. Il se rendit dans la cabine téléphonique, crayonna quelques lignes sur un calepin et fit le numéro de son rédacteur.

« Allô, chef ! Prenez note ! A la Une, en gros, le titre….

ABOMINABLE NOYADE EN FAMILLE !

— Cet après midi, sur la plage de Gatseau, un homme……. »

2/5 Arrivé à l'hôpital, il se rendit directement vers le bureau du docteur Mauras. Il le trouva en présence des beaux-parents. L'enfant ayant été protégé par sa mère, il n'avait en fait rien vu des évènements et n'était pas choqué. Il fut décidé qu'ils le prendraient avec eux, le temps que sa mère aille mieux. Ils partirent. Seuls à présent, le capitaine s'enquit auprès de Mauras, de l'état de santé de la femme et s'il pouvait l'interroger ? Hélas, pour l'instant elle était sous sédatif et il ne pouvait accéder à sa requête. Par contre, demain matin, il pourra procéder à son interrogatoire. Navrés, ils convinrent d'un rendez-vous le lendemain à 9 heures. Barraba retourna à son bureau.

2/6 Sur le chemin du retour, sa tête était pleine d'interrogations. Trop de choses bizarres autour de ces deux affaires, le mettaient mal à l'aise. Puis il pensa qu'il fallait faire un rapport assez cohérent au colonel, mais il savait que ce dernier deviendrait très irritable à sa lecture. Quand il entra dans le poste, Daumier qui semblait l'attendre impatiemment lui « sauta » dessus. Il le suivit dans son bureau, le dossier des témoignages à la main, et une synthèse des évènements à faxer au colonel. Mais, Barraba, voyait son adjoint bouger comme une puce, pressé de lui annoncer une nouvelle. Il enchaîna.

« Mon capitaine, une incroyable information, un témoin au moment où j'allais partir, un homme est venu me trouver. Il est formel, il y avait bien un car blanc de garé sur le parking pendant les évènements. Puis il ne l'a plus vu !

— Bordel ! Ce n'est pas possible ! Vous avez appelé Ducros ?

— Oui, tout de suite pour tenter de le stopper au pont.

« — C'est insensé ! Revenir sur les lieux ? En tout cas voilà, un élément déterminant. Ces deux affaires sont liées ! »

Barraba relut la déposition de ce témoin. Bouche bée, il restait confondu par cette coïncidence troublante. Il s'inquiéta.

« Le témoin est fiable ?

— Oui, un homme la quarantaine, bonne impression !

— Vous avez la synthèse à faxer à Ducros ?

— Oui, elle est prête, j'y ai noté cette information sur la présence du car.

— OK. ! Donnez la moi, je vais la relire et l'envoyer. A demain. »

Daumier venait à peine de sortir que le téléphone sonna : la ligne directe ! Il savait qui était au bout du fil ! Il décrocha.

« Allô, capitaine, bon Dieu, c'est quoi ce bordel ? Qu'est-ce qui se passe chez vous ? Rien de tel depuis des lustres ! Deux incidents graves, en un mois, au même endroit ! Je viens d'avoir le maire de St Trojan, monsieur Liouret que vous connaissez ! En plus, de voir sa fille se faire agresser d'une manière abominable, le voilà confronté aux risques de voir la station se vider de ses vacanciers. Les mauvaises nouvelles, c'est comme une traînée de poudre, ça va très vite ! Le préfet, en personne, m'a appelé. Il faut que cela cesse ! Mettez les hommes qu'il faut. D'ailleurs, je veux vous voir demain après-midi pour faire le point ! »

Barraba n'avait rien rétorqué devant l'ire du colonel. C'était, à l'entendre de sa faute ! Le capitaine savait faire le dos rond quand il le fallait : laisser passer l'orage. Il venait à peine de raccrocher qu'un nouvel appel se fit entendre.

« Allô, capitaine Barraba, ici l'adjudant des pompiers. Comme vous nous l'aviez demandé, nous avons fait venir des plongeurs. Ils ont passé la baie au peigne fin, mais rien, pas de corps. Mais comme c'était la marée descendante, avec le flot très rapide du pertuis de Maumousson il est fort possible que celui-ci ait été emmené vers la mer. La marée devrait nous le rendre d'ici peu ! Je vous fais parvenir mon rapport. Mes respect mon capitaine. »

Il raccrocha. Ça sonna !

« Allô, capitaine, ici Cast ! Quoi de neuf depuis tout à l'heure ?

— Tout va bien, la femme se remet de ses émotions, le petit est avec ses grands-parents, par contre, on n'a pas retrouvé le corps du père. Ça vous va ? »

Un tantinet excédé par tous ces coups de fil successifs, il raccrocha sèchement !

Le téléphone sonna à nouveau !

« Allô, Michel ?.... C'est Manuel ! Nous avons reconstitué, avec les éléments que tu m'as fait parvenir, une partie du visage de Joseph Philippi. Comme un puzzle, les bris d'os ont pu être mis bord à bord. Mais avant d'aller plus loin, je voudrais te voir demain matin.

— Pourquoi ?

— Je ne peux pas t'en parler au téléphone ! C'est bizarre !

— D'accord à demain matin. Salut. »

Barraba en avait marre ! La journée avait été éprouvante, et il était temps de rentrer à son appartement. Il était préoccupé par ces étranges éléments qui l'empêchaient d'avoir une vision cartésienne des évènements. De plus, le mystère entourant sa conversation avec Pons avait de quoi le contrarier.

2/7 Après avoir faxé au colonel le compte-rendu des derniers évènements et ses commentaires, il quitta le poste de gendarmerie pour Rochefort. Arrivé au laboratoire central d'analyses de la gendarmerie, il stationna comme à son habitude, monta les marches d'accès, prit le couloir et sonna à la porte du labo.

A peine entré, Pons l'emmena dans une pièce réfrigérée, à l'identique d'une salle de médecin légiste. Sur une table en inox, sous un drap, saillait une forme oblongue d'une trentaine de centimètres de hauteur. Pons le souleva, laissant apparaître sur un support en polystyrène de la forme d'une tête humaine, le visage presque reconstitué de Big-Jo. Les techniciens avaient réussi l'exploit de faire coïncider tous les morceaux récupérés. En fait, d'après ce qu'expliqua Pons, par l'explosion, les morceaux du visage avaient éclaté et s'étaient éparpillés sans trop les détruire. Barraba, concédait que le spectacle n'était pas très ragoûtant, mais même le nez, les oreilles, les yeux avaient retrouvé leur place d'avant.

« Beau travail Manuel ! Mais je t'ai trouvé un peu mystérieux hier au bout du fil ?

— Tu ne remarques rien ? »

Barraba inspecta de plus près le visage reconstitué. Même les dents avaient été recollées et visibles dans la bouche entre-ouverte, mais à part cela il ne vit rien d'anormal.

« Me fait pas languir !

— Regarde sa bouche, tu ne remarques rien ?

— Non !

— Y a pas de langue !

— ....Merde ! »

Bien sûr, il n'en fallait pas plus pour faire le rapprochement avec la mutilation de Laure et Marie ! Il regarda Pons, consterné ! Ce dernier lui dit.

« D'après ce que tu m'avais expliqué au sujet des deux filles, il fallait que tu te rendes compte de cet élément essentiel pour l'enquête. De plus, je suis impliqué dans cette affaire depuis les premières analyses et en plus gardien du secret. Michel, il y a quelque chose de pas normal. Je ne sais quoi, mais je n'aime pas ! »

— Bon tu mets ça au frigo, on ne fait aucun commentaire sur cet aspect des choses. Je me sauve, j'ai rendez-vous avec Ducros !

— Bon courage ! »

2/8 L'après-midi passée dans le bureau du colonel ne fut pas des plus réjouissantes. Ducros ne comprenait rien à ce qui se passait. Les rapports faxés par Barraba étaient très succincts, car il ne voulait s'aventurer sur un terrain qui aurait déplu à sa hiérarchie. On aimait bien les choses concrètes dans la gendarmerie et pas de vagues suppositions ! C'est pourquoi il se garda bien de lui dévoiler pour l'instant, les résultats des analyses pour ne pas déclencher de la suspicion chez le colonel, voire un rejet ! Il fut convenu que des policiers en civil, allaient se poster aux abords de la plage et intervenir le cas échéant. En tout cas, cette histoire de « moines », peut-être de secte, n'entrait pas pour lui dans le domaine du vraisemblable. Mais il fallait aboutir vite !   Barraba sentait que derrière ses propos, il avait des pressions venues à n'en pas douter, de quelques personnalités îliennes. Sur ce, ils se quittèrent.

2/9 En sortant du PC central de la gendarmerie pour la région, il téléphona à Mauras pour lui signaler son arrivée prochaine. La dame Fillipi, était toujours là et se remettait doucement, grâce aux calmants et au psychologue. Ses beaux-parents venaient de partir et le fait de voir son petit, qu'elle retrouverait bientôt, lui redonna du courage. C'est avec l'esprit au repos qu'elle accueillit le capitaine.

« Ah, bonjour capitaine !

— Bonjour madame Phillipi, comment allez-vous ?

— Ça va mieux ! Vous voulez ma déposition ?

— En effet ! Votre témoignage du fait de votre proximité au moment des faits, nous sera fort utile si nous le faisons corroborer avec les autres. Ce qui m'intéresse c'est ce qui s'est passé avant que votre mari ne parte en courant vers la mer.

— Eh bien, quand je suis revenue à notre campement, mon mari était en train de s'engueuler avec des moines !

— Des moines ? Vous en êtes sûre ?

— Oui, ils portaient une bure marron, avec des lettres peintes en rouge sur le devant. Ils chantaient sourdement, et quand ils relevèrent la tête, leurs yeux……..leurs yeux lancèrent des rayons de couleur rouge ! Et quand le plus grand le fixa, j'ai vu que tous les rayons convergeaient sur un seul et même point, le front de Joseph. C'est à ce moment que tout a commencé! Mais là je suis partie en courant avec mon fils. »

Barraba avait tout noté sans l'interrompre. Bien sûr il ne remit pas en compte sa parole, et de plus, à se remémorer la scène, elle s'était mise à pleurer. En fin, il l'interrogea sur leur vie, le travail de son mari, s'il avait des ennemis? Mais la façon dont Big-Jo avait été tué, ne ressemblait à rien de connu. Des rayons laser, soit, mais quelle arme pouvait infliger de telles lésions? Il faudra chercher dans le passé de cet homme, se dit-il!

Barraba considéra qu'il en savait assez et la réconforta avant de partir.

« Tenez, voilà des Kleenex. Je vous remercie pour votre témoignage qui est vraiment intéressant pour la suite de l'enquête. Vous allez bientôt retrouver votre fils, courage! »

Une fois sortir de la chambre, il alla dire au revoir à Mauras. Puis, étant revenu à son bureau, il pensa interroger les fichiers informatiques. Peut-être y trouvera-t-il des informations lui permettant de faire des comparaisons, des recoupements. En attendant, il se dit qu'il avait sous la main un jeune homme qui serait prêt à tout pour glaner quelques infos. Il en avait à lui donner!

Il pensait bien sûr à Cast! Ce dernier était assez fouineur et il pouvait compter sur lui pour aller mettre son nez dans les archives de son journal. On se sait jamais?

Il lui téléphona.

« Allô , Cast, j'ai besoin d'un service!

— Pas de problème, mon capitaine, je suis à vos ordres.

— D'abord, une info sur le noyé de Gatseau. Vous pouvez écrire que les pompiers n'ont pas, pour l'instant, retrouvé le corps. Que sa femme est sortie de l'hôpital et qu'elle va retrouver son fils chez ses beaux-parents. Mais pas de nom! Vous voilà en première ligne Cast. Une rame d'avance sur vos confrères. Vous allez être lynché mon pauvre!

— Vous serez aux premières loges pour trouver mes assassins ! Mais le service.....c'est quoi?

— En deux mots...... »

Barraba mit au propre les renseignements fournis par madame Phillipi et les faxa à Ducros. Il n'allait pas aimer   - des moines encore des moines ! Il était temps de rentrer chez lui, il ferma son ordinateur et salua le gendarme de permanence.

2/10 Le lendemain matin, après une nuit pas trop mauvaise- il avait pris un cachet - il retrouva Daumier qui lui apporta un café et la Gazette Charentaise. Il ne put s'empêcher de sourire. Cast avait encore frappé ! En gros, à la Une, on pouvait lire.

EFFROYABLE POUR LA FAMILLE ! SON CORPS NON RETROUVÉ.

— Un homme âgé de……..

Daumier apparut à la porte.

« Y a une meute de journalistes devant la porte ! »

Cast avait encore doublé ses collègues ce qui les avait rendus furieux. En effet comme rien ne filtrait, ils enrageaient. Il leur fit une brève déclaration et les renvoya vers la rédaction du journal pour en savoir plus.

Puis le temps passa, sans qu'aucun incident ne vienne perturber le calme de la station balnéaire. Rassuré, Ducros récupéra ses hommes.

Barraba profita de cette accalmie pour mettre de l'ordre dans ses dossiers. Sur une table, d'un côté l'affaire du 28 juin 1995 (Masset- Liouret) et de l'autre l'affaire (Phillipi) le 22 juillet 1995.

Vers le 15 août une bonne partie des vacanciers repartirent, laissant la place à d'autres aoûtiens. Et si encore quelques gens du village gardaient en mémoire les affreux évènements, les nouveaux arrivants avaient l'esprit libre de toute inquiétude. Mais l'enquête stagnait, au plus grand dam des autorités.

Un soir, Barraba revint sur la plage. Le soleil couchant imprimait un voile rougeoyant sur la cime des pins et élargissait l'ombre des arbres. La plage était déserte, et comme attiré par un aimant, il se trouva exactement à l'endroit où Big-Jo s'était noyé !

Et soudain, presque imperceptiblement, un bruit si faible qu'il dût tendre l'oreille. Il s'approcha au bord de l'eau, s'accroupit… non…. il ne rêvait pas, c'était bien comme des notes qu'on égrainait.

Des notes de piano qui feraient comme : « *didadidadidadoum !* »

3

Princesse.

17 août 1995, 15 heures 45 environ.

3/1 Annette Marquet, ou plutôt veuve Pierre Marquet, arriva sur la plage de Gatseau, tenant par la main son fils Julien. Cet été là, Annette Marquet était venue s'installer dans une petite résidence secondaire, près de l'église de St Trojan. Cette petite maison appartenait au grand-père de son défunt mari, maître Marquet, notaire de son état.

Après le décès de son mari dans un banal accrochage routier, elle continua à habiter dans leur maison située près de La Rochelle. Le grand-père richissime notable de la région, leur avait donné cette bâtisse et aussi, de par ses relations, trouvé du travail à la jeune femme. Cette situation lui avait été très favorable, après le décès - pouvoir faire face à l'éducation de son fils, âgé alors de 5 ans.

Son mari venait juste d'avoir 30 ans et sa carrière dans la politique, commençait à prendre tournure. Ce fut un rude choc pour elle bien sûr, mais aussi pour le grand-père et son beau-père qui voyaient en lui, le fer de lance d'un parti politique, très puissant dans la région. La classe politique unanime, salua les qualités d'un homme rigoureux et humain. Annette avait reçu alors toutes les marques d'affection et de soutien lors de l'enterrement.

Quant aux parents de Pierre, ils avaient aussi une résidence secondaire à St Trojan, mais vivaient le plus souvent dans un luxueux appartement au centre de La Rochelle.

Pour des raisons de commodité, ils avaient pris cette option, car maître Marquet fils, était magistrat au Palais de justice.

Après cette période difficile, elle avait repris goût à la vie, et se faisait une joie de passer des vacances avec son fils, là même où elle avait connu son mari. La fameuse plage de Gatseau, endroit idéal pour que se rencontrent les jeunes de la région, flirtent et éventuellement se marient. Ça avait été le cas pour Annette et Pierre, et elle gardait en mémoire, cette période pleine de vie, de joie, d'amour et d'espoir.

Elle venait juste d'arriver avec Julien, son fils, et n'était dans la station que depuis deux jours. Elle avait été invitée par ses beaux-parents, le temps qu'elle s'organise. Ceux-ci se faisaient une joie de revoir leur petit fils, pour le câliner et compenser par tant d'amour, la perte brutale de leur fils. Au cours du repas, elle leur avait signalé son intention d'aller à la plage de Gatseau le lendemain.

Après le repas, elle fut étonnée que son beau-père la prenne par le bras et l'emmène dans le jardin pour lui parler en dehors de sa femme. Sous un prétexte futile, il lui suggéra d'aller plutôt sur la plage nautique que celle de Gatseau. Il se garda bien de lui dire les véritables raisons qui le poussaient à la faire changer d'avis, mais maître Marquet avait depuis quelques temps, des appréhensions à fréquenter cette plage là ! En vacances depuis deux mois, il avait suivi dans la Gazette Charentaise, les fumeux articles d'un journaliste, un certain J.C.Cast.

Depuis deux mois, maître Marquet avait changé ! Fatigué par des audiences à répétition au tribunal, il avait pris un congé à rallonge. Mais après les deux incidents, il était devenu taciturne, lui qui généralement était plutôt bavard, il s'enfermait dans son bureau et demandait qu'on ne le dérange pas. Toujours au téléphone en temps normal, il n'appelait personne ni ne décrochait. C'était toujours son épouse qui répondait. Elle s'inquiétait doublement de cette attitude car elle l'avait aperçu, au travers de la fenêtre donnant sur le jardin, en train de pleurer ! Mais elle connaissait le bonhomme, par déformation professionnelle il ne dirait rien sur ses sentiments. Il n'était pas du genre à parler et faire des confidences. Ces jours là, elle n'en sut pas plus !

3/2   Annette, malgré les conseils de son beau-père, décida de retourner sur la plage de ses premières amours. Et puis le petit train l'emmènerait juste devant la plage. Cette voie ferrée datant de la guerre, avait été conservée et entretenue par une association, et servait d'animation touristique pendant les mois d'été. Un arrêt se situait juste devant la plage, et c'est là aussi que les deux locomotives se croisaient par une dérivation des voies. De plus un autre arrêt vers le centre ville, lui permettait de le prendre pour la plus grande joie de Julien. Cette petite balade dans le tortillard, au travers de la forêt, plaisait à bon nombre de vacanciers.

Pendant l'été les trains faisaient la navette assez souvent. Ils n'attendirent pas longtemps. Déjà, le bruit métallique, caractéristique d'une machine en mouvement se fit entendre. Tout le monde avait la tête penchée sur les rails, dans l'espoir de la voir au plus vite. Il était 15 heures 30, quand elle arriva, un panache de fumée s'élevant entre les pins, et un « *TOU...TOU...TOU...* » retentissant, annonça son entrée dans la station. Elle arrivait, majestueuse dans sa livrée blanche et chromée, à la grande joie des enfants et des parents.

Julien était en admiration devant cette petite locomotive, comme un grand jouet. Grinçant, fumant, se tortillant, la locomotive diésel s'arrêta dans un grand grincement de freins, juste devant Julien. Tenu fermement par sa mère, il grimpa les marches d'accès et s'installa sur les sièges en bois.

15 heures 32, le jeune contrôleur siffla, le mécano desserra les freins, le train s'ébranla, lâchant un jet de vapeur pour actionner la sirène « *TOU..TOU..TOU* »

Il fallait absolument que le train parte à l'heure, car le croisement avec l'autre devait se faire à l'autre station, celle de la plage. C'était un rail à voie unique, et le minutage était très précis et respecté par les chauffeurs, des hommes expérimentés.

Le mécano passa plusieurs vitesses jusqu'à atteindre sa vitesse de croisière, c'est-à-dire très lentement, pour des questions de sécurité. « *DADADAM…DADADAM…DADADAM…* »

A chaque jonction de rail, ce bruit caractéristique des trains, confirma bien qu'on roulait lentement, peut-être à 5 kms heure ! Cette vitesse permettait à chacun d'observer à loisir le paysage. Quelques locomotives avaient été conservées ainsi que du matériel ferroviaire après le départ des Allemands.

Elles étaient de petite taille car dotées d'un train de roulement assez étroit. Elles étaient petites mais puissantes car elles étaient prévues pour transporter des hommes et du matériel depuis St Trojan jusqu'à la côte ouest, la plage de Maumousson.

Jackie, son chauffeur attitré, était « amoureux » de sa machine. Pas question de lui imposer une vitesse plus grande. Il aimait à dire « qui va piano, va sano ! » Il la bichonnait comme pas un, pas une trace de rouille, des vidanges plus que nécessaire. Il passait tout l'été à faire des allers-retours. Il avait une certaine fierté à entendre les gens s'émerveiller sur la beauté de sa machine, mais plus encore, le regard émerveillé des enfants lui procurait davantage de plaisir.

Le matin même, dans l'entrepôt, il avait vérifié tous les éléments principaux au bon fonctionnement de l'engin. Les niveaux, les freins, ainsi que l'état général du train. Il démarra. Le moteur répondit à sa première sollicitation, il le laissa chauffer gentiment, et s'engagea sur les voies. Jackie connaissait tellement bien sa machine, qu'il aurait pu à l'oreille, entendre la moindre anomalie. Non, ce matin là, tout allait bien, une journée sans souci…. !

A 15h30, le train était bondé et il ne prêta pas attention quand Annette et son fils montèrent dans un wagon. Ni quand ils descendirent à l'arrêt Gatseau. Le train venant de Maumousson arrivant en face, Jackie manoeuvra l'aiguillage. Puis il repartit pour le dernier parcours avant le terminus.

3/3 Annette descendit du train, portant son fils dans les bras. Elle se dirigea vers l'extrémité ouest de la plage, là où il y a moins de fond et de vagues. Elle dépassa le monument érigé en mémoire du débarquement libérant l'île en 45, longea l'empierrement soutenant la voie ferrée et protégeant la dune des attaques de la mer en période hivernale. A ce moment là, le train les surplombant les dépassa, et Julien le regarda passer et disparaître dans le dernier virage avant la grande ligne droite.

C'est justement là, au bas des pierres, qu'Annette décida de s'installer.

« Julien tu viens mon chéri, on va s'installer là. »

Elle étala deux grandes serviettes de plage épaisses, rouge et blanche, qu'elle avait achetées le matin même. Elle enduisit Julien de crème, et une fois en tenue de bain, elle le mena jusqu'à la mer, goûter la fraîcheur de l'eau. Ils restèrent quelques instants à barboter, puis remontèrent sur la plage. Elle s'étendit sur sa serviette tandis que Julien faisait quelques pâtés de sable.

Quelle merveilleuse journée, pensait-elle …….. !

3/4 16 heures 30, gare de Maumousson.

C'était l'heure pour Jackie, de repartir en sens inverse. Il avait fait la manœuvre pour remettre la machine dans le bon sens. Il raccrocha les wagons, et actionna le démarreur. En haut de la dune, le jeune étudiant employé pendant ses vacances comme contrôleur, donna un coup de sifflet vers la plage, pour indiquer aux touristes, un départ imminent. Quelques voyageurs seulement prirent le train, les autres préférant attendre les prochaines navettes, pour profiter au maximum du beau temps.

« *TOU….TOU…TOU…* ».

Un coup de sifflet et le train s'ébranla. Il s'engagea dans le premier virage à faible allure avant d'attaquer la longue ligne droite. Direction la première étape, la plage de Gatseau, tout au bout, là-bas. Jackie, malgré une grande habitude du trajet, faisait toujours très attention aux obstacles imprévus, pouvant entraver la bonne marche du train. Il y avait toujours des vacanciers qui préféraient partir à pied vers Maumousson, en suivant la voie. Ce qui était interdit car très dangereux. Il n'hésitait pas dans ce cas, à donner de la sirène. Des animaux parfois stationnaient sur les rails, mais le bruit de la machine suffisait à les faire fuir.

Il jeta un coup d'œil au contrôleur, qui parlait avec les gens, il faisait beau, tout allait bien. Jackie aimait bien sa loco, mais ce qu'il aimait aussi, c'était son corps. Ancien militaire, il était grand et athlétique. Un corps malgré son âge, très musclé et bronzé de la tête au pied. Une lubie perpétuée d'année en année, dès que les premiers rayons du soleil apparaissaient. Enfin, pour en rajouter, il se parait d'un seul string en guise de maillot de bain ! Un chauffeur très original qui faisait bien rire les touristes, surtout les femmes !

Il surveillait les manomètres de pression, et écoutait attentivement le moteur de Princesse ! Il était tellement amoureux de sa machine qu'il lui avait donné un petit nom « Princesse ». Et sa « Princesse » par ci, et sa « Princesse » par là !

« *BADUNG !* »

Un bruit dans le moteur ! Impossible à entendre pour quiconque, mais pas pour Jackie ! Il fronça les sourcils, se pencha sur le tableau de bord, pour mieux situer l'origine du bruit.

« *BADUNG….BADUNG… !* »

Ce bruit, un bruit inconnu, non identifié par Jackie, ne fit que renforcer son inquiétude et se reproduisit plus fréquemment ! Un léger soubresaut du moteur, et tout s'emballa !

Sans rien faire, la vitesse augmenta, les manomètres de pression étaient au maximum, les pistons s'affolaient dans le bloc moteur, la fumée d'échappement s'amplifia, sortant de la cheminée en volutes noires mélangée à des scories étincelantes. Jackie d'un naturel confiant, sut tout de suite qu'ils couraient à la catastrophe. Malgré des manœuvres désespérées sur les commandes rien n'y fit. La machine avait pris une vitesse au-delà de ses possibilités et Jackie ne savait que faire pour enrayer ce délire !

Les wagons tressautaient. Les voyageurs et le contrôleur regardaient Jackie s'affairer dans sa cabine. De l'inquiétude se lisait sur leurs visages. Le jeune étudiant sauta de wagon en wagon et rejoignit Jackie.

« Jackie, qu'est-ce qui se passe ?

— J'en sais rien mon vieux ! C'est la première fois qu'elle me fait ça ! »

Incompréhensible, il avait coupé le contacteur, serré les freins, débranché le coupe-batterie, « Princesse » augmentait sa vitesse ! Rugissante, elle semblait vouloir faire des bonds en avant, se libérer de son attelage. Jackie prit la décision alors de la découpler du reste du train. Ils sautèrent sur la première plate-forme, puis s'allongeant Jackie, débrancha les circuits hydrauliques des freins, pendant que le jeune commençait à actionner le frein manuel de secours.

Aussitôt fait, les wagons ralentirent et stoppèrent enfin. Tout le monde n'avait plus qu'un seul regard vers la locomotive, fixant sa silhouette arrière qui rétrécissait au fur et à mesure qu'elle s'éloignait. Jackie confia au jeune homme.

« A cette vitesse là, elle passera pas le virage !

— J'appelle le dépôt avec le talky-waky ! » lança le jeune homme.

De la plage, personne ne pouvait entendre le bruit infernal occasionné par l'engin. En effet la plage était en contrebas et avec le bruit des flots, les baigneurs ne firent pas attention. Quelle belle journée...... !

3/5 Bizarrement, d'un coup, le soleil fit place à de gros nuages. Le vent s'était soulevé et les amenait noirs et menaçants . Ils venaient de l'ouest, dans le même sens que la machine, dans la même direction, avec elle !

Annette sentit un changement de température, elle appela Julien pour qu'il mette un maillot. Elle était là, à enfiler le pull à Julien quand soudain…. !

Comme l'avait prédit Jackie, elle ne passerait pas le virage ! Elle ne pourrait le négocier à cette vitesse folle. Après une course endiablée, elle arriva à la hauteur de la courbe, tel un cheval au galop, elle bondit au dessus des rochers, s'éleva dans les airs et plongea vers la plage, droit sur des serviettes rouge et blanche ! Comme une balle le ferait au centre d'une cible de fête foraine. Jackie reprenant ses esprits, indiqua au jeune étudiant.

« Tu leur expliques l'incident, qu'ils envoient une loco pour prendre les passagers et qu'ils appellent les pompiers. Je cours là-bas ! »

Il courut du plus vite qu'il put avec l'anxiété qui lui nouait le ventre. Bien sûr il savait que sa « Princesse » serait en piteux état, mais il pensait : Pourvu qu'il n'y ait pas de blessés !

Il ne se doutait pas à quoi il allait être témoin ! Débouchant dans le virage, en haut du ballast rocheux, il découvrit le plus horrible spectacle qu'il ait pu imaginer. Elle était là plantée dans le sable et la mer, le cul en l'air, entourée de vagues huileuses et d'eau bouillonnante.

Pas un bruit, sauf le volant moteur qui, entraîné par sa masse, tournait encore. Tous les vacanciers qui avaient vu la scène arrivaient à pas lents de peur d'une éventuelle explosion. Mais ils savaient ! Ils savaient que sous la machine il y avait deux corps. En passant ils avaient bien remarqué cette femme et son enfant. Ils imaginaient les deux corps gisant sous l'amas de ferraille, deux corps, écrasés, broyés, pulvérisés ! Les serviettes étaient maintenant de couleur rouge sang ! Jackie, du haut de l'empierrement, pouvait voir l'extrémité des membres inférieurs, dépasser de part et d'autre de la machine. Il pouvait nettement faire la différence entre la taille des membres apparents. Manifestement un adulte et un enfant se trouvaient sous « Princesse ». Un cauchemar pour Jackie, qui imaginait les deux corps plaqués sous plusieurs tonnes d'acier. Il sauta de roche en roche, se précipita sur sa « Princesse » et la frappa, avec rage sur le carénage en fer, l'insultant, hurlant sa peine, sa haine. En pleurs il s'agenouilla et cria.

« Bon Dieu ! Pourquoi…mais pourquoi ? »

Le volant moteur petit à petit ralentit pour s'arrêter enfin dans un long grincement, une plainte, un gémissement.

Clément prévenu par des touristes arriva en « quad ». Il ne put hélas que constater l'effroyable accident, il repartit en précisant qu'il allait revenir avec des pelles et prévenir les secours. Arrivé au local il téléphona.

« Allô…capitaine, ici Clément !

— Ne me dites pas que…..!

— Hélas si, mais c'est plus grave !

— Des blessés ?

— Des morts…..Une mère et son enfant !

— Nom de Dieu, j'arrive ! »

Clément lui donna quelques précisions sur l'origine de l'accident et repartit avec son matériel. Il entendit alors les sirènes de pompiers qui avaient été prévenus par le bureau de l'association du petit train de St Trojan. Il se dirigea vers eux et leur indiqua la direction à suivre. Les camionnettes s'engagèrent sur la plage à la suite de Clément.

Barraba informant Daumier de l'incident et de ses circonstances, lui demanda de faxer tout de suite un rapport au colonel, tout en sachant que cette nouvelle affaire allait faire du bruit au PC, à la Préfecture, à la Mairie ! Des emmerdes en perspective !

Là, c'était sûr, une cellule de crise allait être montée, les médias allaient se jeter là-dessus, gros titres à l'appui ! Ça allait monter haut, très haut ! Barraba et Daumier se regardaient perplexes, chacun se demandant bien de quoi demain allait être fait ? Une fois le fax passé, ils partirent vers Gatseau.

Laissant la camionnette sur le parking, les pneus n'étant pas fait pour rouler sur le sable, ils coururent vers l'attroupement et les gyrophares scintillants. Se frayant un passage au travers des spectateurs, ils descendirent vers le lieutenant des pompiers qui s'affairait avec ses hommes à tenter de dégager les corps. Barraba s'enquit des opérations auprès du lieutenant.

« Bonjour lieutenant, où en est-on ?

— C'est infernal, mon capitaine. Au fur et à mesure qu'on enlève du sable, la machine qui est en équilibre, redescend de plus belle ! On n'y arrivera pas comme ça ! Il faudrait une grue pour la soulever !

— Daumier, sur la route il y avait bien des travaux avec une grosse grue ?

— Affirmatif mon capitaine ! Je crois même avoir reconnu les couleurs de l'entreprise Phillipi.

— Parfait, vous retournez à l'estafette et lui téléphonez, pour qu'il nous envoie en urgence, un conducteur spécialisé avec son engin, sur la plage. Vous appelez aussi le colonel, pour qu'il nous envoie des hommes pour sécuriser la zone. Y a trop de monde ici.

— En attendant lieutenant, vous n'auriez pas de la bande de balisage ?

— Je m'en occupe !

— Mesdames, messieurs, en dehors des témoins directs, je vous demanderai d'évacuer la zone immédiatement, on n'est pas au spectacle ! »

Pendant que les gens refluaient et que les pompiers délimitaient la zone, Barraba observa la scène, impuissant, car de toute façon trop tard pour espérer quoi que ce soit. Il restait à définir les causes de l'accident. Il nota le nom des personnes restées comme témoins, mais remarqua, qu'un grand athlète était assis sur les rails, en train de pleurer. Le regard fixé sur sa loco, il pleurait en silence. De chaque côté, un jeune homme et un homme plus âgé en costume tentaient de le réconforter. En dehors des témoins directs qui n'avaient en fait, vu que la phase finale de l'accident, le témoignage de l'homme en pleurs l'intéressa au plus haut point. Il l'interrogea en dernier, et nota scrupuleusement sa déposition.

« Capitaine Barraba ! Vous êtes ?

— Jackie, le chauffeur de la loco !

— Et vous messieurs ?

— Charles Bermont, responsable du dépôt !

— Yves Cerget, le contrôleur. »

Pendant que Jackie, expliquait le déroulé des évènements ayant entraîné la catastrophe, ce qui était confirmé par le contrôleur, le capitaine commença à se poser des questions. Notant successivement, sur son carnet, chaque détail, évoqué par Jackie, son front se plissa, l'inquiétude s'installait insidieusement dans son esprit. Il se remémorait tous les détails insolites des deux derniers incidents et les faisait coller avec celui là ! Depuis deux mois il avait été confronté à des situations inimaginables, auxquelles il n'avait pas trouvé d'explication plausible. On pouvait penser qu'il se passait des « choses » !

Aux questions posées par Barraba concernant le bon état du matériel, Jackie et le responsable, furent unanimes : tout était vérifié et certifié. Sur ce, il leur demanda de se rendre dès le lendemain au poste de gendarmerie pour y signer leurs dépositions. Il avait à peine terminé et rangé son calepin, que tout le monde présent, tourna la tête vers la plage en entendant un énorme bruit de moteur. Le bruit d'un moteur diésel qui augmentait en pétaradant, au fur et à mesure qu'il s'approchait. La grue était là, énorme, avec des pneumatiques gigantesques !

Clément qui commençait à être « rodé », récupéra les affaires de la femme et les donna au capitaine.

« Mon capitaine, voilà les affaires de la femme. Son sac de plage a été miraculeusement épargné et je crois bien qu'il y a ses papiers à l'intérieur ! »

Barraba le prit et l'ouvrit. En effet, il y avait bien un portefeuille. Il l'ouvrit et trouva une carte d'identité au nom d'Annette Marquet. Clément s'écria !

« Je les connais ! Les Marquet ont une maison à St Trojan. Leur fils a été tué dans un accident, ça doit être leur belle-fille ! Je crois

75

que son beau-père est magistrat à La Rochelle. Quelle merde ! »

Dans le sac, Barraba trouva un agenda où en effet se trouvait le téléphone de maître Marquet. Se tournant vers Daumier.

« Daumier voilà leur téléphone, tâchez de les prévenir avec délicatesse et demandez leur de venir. »

Le temps s'était écoulé et la nuit était tombée sur le site. Les pompiers avaient installé des projecteurs reliés à des groupes électrogènes. La scène ainsi éclairée, cette machine blanche sur une mer noire, était assez fantasmagorique. Tout autour se tenaient les pompiers et les gendarmes venus en renfort. Ils attendaient tous que Barraba donna l'ordre au conducteur de l'engin, d'entrer en action.

La pelleteuse rugissait de ses douze cylindres à chaque impulsion du pied de l'homme. Il avait positionné sa machine de telle sorte que les élingues, accrochées au godet, puissent prendre la loco aux endroits prévus à cet effet. Des conversations eurent lieu entre Jackie et le conducteur, pour se mettre d'accord sur les modalités d'accrochage. Une fois déterminées, les pompiers grimpèrent sur la machine et passèrent les mousquetons dans les trous. Barraba était monté sur la voie ferrée et pouvait observer l'ensemble de l'opération. Une fois le feu vert donné par les hommes, il ordonna le début des travaux de soulèvement de la machine. Tous étaient impatients et inquiets de ce qu'ils allaient découvrir sous elle.

Le conducteur de la pelleteuse, descendit les vérins de stabilisation sur de gros madriers posés sur le sable, afin d'empêcher qu'elle ne s'enfonce. Tout était en place, il demanda aux personnes de s'écarter, car il pourrait y avoir un problème. Il était d'un certain âge et semblait bien connaître son métier et les aléas aussi !

Tout le monde s'éloigna, le douze cylindres rugit, les câbles commencèrent à se tendre, il donna plus de puissance et actionna le levier du vérin de levage. Tous regardaient le godet, retenant leur souffle. Allait-il réussir ?

Petit à petit, l'arrière de la machine se souleva. Mais le conducteur, baissa les gaz, le godet redescendit au grand dam des présents. Il descendit rapidement et s'adressant à Barraba.

« Je ne peux pas la soulever direct. Il y a un phénomène de succion qui contrarie la force du moteur. Il faut mettre des madriers sous la machine à chaque étape. J'en ai quelques uns dans le coffre. Mais il faudrait quelqu'un pour les glisser dessous !

— Je suis partant mon capitaine ! »

Le lieutenant de pompiers s'était proposé pour cette délicate mission ! Barraba le savait courageux et prudent, il lui donna son accord.

Le conducteur expliqua au pompier la méthode. Il allait soulever d'abord la machine d'arrière en avant et là, il devra poser les madriers sous les roues arrière. Puis il fera de même avec les roues de l'avant. Les deux hommes semblaient synchro ! Chacun se mit en place.

Cette solution se trouva efficace, car quelque temps après la locomotive se souleva dans les airs, suivie par un projecteur que manoeuvrait un pompier comme une poursuite de cinéma. Tous applaudirent cette réussite. Suspendue entre ciel et mer, elle paraissait encore plus inquiétante. Qui pouvait penser que dans sa belle livrée blanche elle était l'instrument du diable : personne. Mais le travail n'était pas fini. Doucement le conducteur, fit pivoter le bras hydraulique et amena la locomotive au-dessus des rails. Guidé par Jackie il la fit descendre avec précaution. D'abord le train arrière et puis le train avant. Il abaissa son godet libérant les élingues. Un flot d'applaudissements mit fin à la manœuvre.

Jackie, fit le tour de sa « Princesse ». En fait le sable étant meuble, elle n'avait pas trop subi de dégâts. Pendant qu'il inspectait sa machine, Barraba et Daumier étaient déjà en bas, près des corps. Quand tous les projecteurs furent pointés sur l'endroit macabre, les témoins ne purent retenir un cri d'horreur devant cet insoutenable spectacle.

3/6 En s'enfonçant, la machine avait creusé un trou dans le sable, juste de la largeur d'une tombe ! Les deux gendarmes virent alors les corps baignant dans un bain de sang. Les pompiers se précipitèrent avec les civières et dégagèrent les corps avec d'infinies précautions. Une fois sur les brancards, le lieutenant les recouvrit d'un drap blanc.

Barraba, s'approcha des brancards, souleva les draps juste à l'endroit des visages. La vision était atroce, seuls les visages avaient été touchés. Barraba s'en doutait - on était dans la même série !

Annette, avait eu la tête broyée par l'impact de la machine. Morte sur le coup, sa tête n'était plus qu'un amas de chair et d'os, méconnaissable.

Mais au moment de soulever le drap sur le corps du gamin, il eut un geste de recul, une hésitation. A l'endroit du visage, le drap était déjà souillé de sang. La vision d'un enfant mutilé, le mettait particulièrement mal à l'aise et c'est avec appréhension qu'il souleva le drap. Il devait le faire !

Une vision d'horreur qui noua l'estomac du gendarme. Touché par une lame d'acier de la loco, le bas du visage avait été tranché. Toute la mâchoire avait été sectionnée d'une oreille à l'autre, du cou à la base du nez. Ce n'était plus qu'une plaie sanguinolente. Mais le pire pour le capitaine, c'était que les yeux de Julien étaient grand ouverts, le fixant, comme voulant exprimer son incompréhension. Il lui ferma les paupières et rabaissa le drap.
C'en était trop pour lui, il alla vomir le long d'un sapin proche. Revenu de ses émotions, dans un silence pesant, il ordonna.

« Lieutenant, vous pouvez emmener les corps à l'hôpital de Marennes.

— Daumier, vous avez pris des photos ?

— Oui, mon capitaine.

— Ah, lieutenant vous me ferez parvenir votre rapport sur cet accident.

— Daumier, vous mettez deux hommes cette nuit pour garder les lieux et la machine. Demain vous placerez des scellés dans le dépôt pour expertise. »

Barraba après ce moment de flottement avait repris la situation en main. Il regardait les pompiers emmener les deux corps, quand apparut M Phillipi qu'il reconnut.

« Ah, bonsoir M Phillipi, merci encore pour votre aide. Sans votre pelleteuse nous n'aurions pas pu dégager les deux corps !

— C'est tout à fait normal capitaine ! Mais qui sont les victimes ?

— Des gens de la région. Une femme, Annette Marquet et son fils Julien. Vous les connaissez ?

— Ce n'est pas possible, quel malheur ! Des amis intimes ! »

En prononçant ces paroles, Mr Phillipi, changea de visage. Il blêmit et de grosses gouttes de sueur perlèrent sur son front. A peine venait-il de s'exprimer que d'autres voix se firent entendre dans son dos. Ils se retournèrent et virent un couple arriver en courant, criant et pleurant. Reconnaissant leur ami, ils vinrent vers lui et se jetant dans ses bras la femme cria.

« Pierre…..Pierre…. C'est atroce ! Où sont-ils ?

— On les emmène à l'hôpital. Y a plus rien à faire ! »

Elle se dégagea des bras de son ami et voulut voir les corps. Barraba s'interposa. Ensuite il expliqua les circonstances de l'accident, que toute la lumière allait être faîte pour en connaître les causes et les responsabilités de chacun.

Pendant ce temps, Phillipi et Marquet se serraient dans les bras. Chacun réconfortant l'autre, sur les derniers évènements horribles qu'ils venaient de vivre. Barraba remarqua que bizarrement, maître Marquet restait de « marbre », devant un tel drame. Il avait perdu son fils, puis sa belle-fille et son petit-fils en très peu de temps ! Barraba pensait que cet homme habitué aux prétoires, allait s'offusquer, accabler chacun et tout le monde, menacer les gendarmes d'incompétence, il n'en fut rien ! Figé, comme s'il s'agissait d'une fatalité ! Assommé le regard dans le vide. Cette attitude n'échappa pas à Barraba mais il mit cela sur le compte de l'émotion, un évènement trop fort, une cassure.

Barraba s'approcha de lui et lui formula quelques mots de soutien.

« Maître, je suis le capitaine Barraba. Je m'occupe de cette affaire, et je ferai tout mon possible pour trouver une explication. Déjà, mon colonel est au courant. Il doit prévenir les autorités et organiser une cellule de crise. Les corps vont être déposés à Marennes. Je ne demanderai au médecin aucune autopsie, car à l'évidence, il s'agit d'un abominable accident. Bien sûr, je vous tiens au courant des suites. Si vous connaissez un docteur, il serait bon que votre femme prenne quelque calmant.

— Oui…oui…j'y penserai ! »
Une réponse atone, dans le vide !

Ils repartirent tous les trois éclairés seulement par les projecteurs et les gyrophares bleus, rouges, oranges. Trois ombres qui disparurent dans la nuit noire.

Quelques flashs depuis les rails attirèrent l'attention du capitaine. Il ne fut pas surpris de voir Cast en pleine action. Il avait déjà récupéré pas mal d'infos et rempli sa bobine de film. Il fit signe au capitaine qui lui dit de venir.

« Alors mon capitaine ! C'est une hécatombe !

— Ne m'en parlez pas ! Bon vous avez des photos, de quoi faire un article. Allez-y, mais je ne veux pas de nom propre, que des initiales. Vous m'apportez votre journal demain matin, on fera le point. Salut. »

Cast fila jusqu'à la cabine, et appela son chef.

« Allô, chef, notez ! A la Une, en gros, le titre !

UNE LOCOMOTIVE TUE UN ENFANT ET SA MÈRE.

— Cet après-midi sur la plage de…….J'apporte des photos ! »

3/7 La plage avait retrouvé son calme habituel, bercée par les vaguelettes.

Tous les hommes et le matériel étaient partis. Seuls deux hommes gardaient les lieux. Mais ils n'étaient pas seuls ! Plantée sur ses rails, « Princesse » dominait de toute sa masse. Blanche, éclairée par les rayons lunaires, elle trônait comme pour admirer son œuvre. Une œuvre macabre dont elle avait été l'instrument. Mais par qui et pourquoi ? Personne ne se posait bien sûr cette question, mais peut-être un homme commençait à se la poser ! Cet homme avait rédigé un rapport, l'avait faxé et joint des photos.

Un troisième dossier venait de s'ajouter aux deux autres, sur la table du bureau.

La lumière resta longtemps allumée ce soir là dans le bureau du capitaine Barraba.

Naturellement, après une nuit agitée, il reçut sur sa ligne directe un coup de fil du colonel Ducros, au bord de l'apoplexie. Il était furieux, toutes ces histoires lui semblaient incompréhensibles, digne d'une fiction. Bien sûr, il était harcelé par le Préfet et le Maire. Bien sûr qu'ils faisaient le nécessaire, bien sûr que Barraba était compétent. Maintenant venaient se greffer les récriminations de maître Masset, de maître Marquet, du maire Mr Liouret et de Mr Phillipi. Tout le gotha de St Trojan, des amis très influents! Il les faisait patienter en prétextant des lenteurs dans les analyses, mais maintenant il fallait avancer et vite (*C'est un ordre !*). Il ne le dit pas, mais au ton de la voix c'était tout comme.

3/8 Midi arriva vite, trop vite ! Il était là, toujours à l'heure, surtout quand c'était sur invitation du capitaine. Pas question de manquer un rendez-vous. C'est très excité et souriant qu'il se présenta au poste. A l'aise, il entra dans le poste, comme chez lui, il faut dire qu'il était maintenant connu des soldats.

Daumier l'amena jusqu'à Barraba.

« Bonjour mon capitaine ! Je vous ai apporté la Gazette. C'est du lourd ! Ça va faire du mal aux confrères. Le petit Cast toujours une longueur d'avance !

— Justement, j'aurais besoin dans le cadre de l'enquête, que vous fassiez passer un message à la population. Je pense que les gens du coin, qui doivent suivre les évènements avec attention, grâce à vous, ont peut-être des informations à nous fournir ? Il faudrait juste en première page, faire un encart et donner notre numéro de téléphone. Vous voyez ? Comme vous savez le faire si bien !

— C'est juste pour ça que vous m'avez fait venir ?

— Juste pour ça ! A bientôt Cast !

— OK. J'espère que ça va payer ! »

Quelques jours passèrent….

Comme pour confirmer son intuition, l'expertise ne donna rien. Il téléphona pour que les corps soient rendus aux familles. L'enterrement eut lieu quelques jours plus tard, dans le cimetière de St Trojan. Cette fois ci, Barraba décida de s'y rendre. Une foule immense envahissait le petit cimetière. Il choisit de s'installer dans un endroit d'où il pouvait contempler toutes les funérailles.

Il ne fut pas surpris, de voir ensemble aux côtés du couple Marquet, Mme et Mr Liouret le maire, Mme et Mr Masset l'avocat, Mme et Mr Phillipi l'entrepreneur.

Tous avaient eu un enfant mort ou gravement blessé récemment !

Ils avaient ça en commun !

4

Sourd-muet.

1er septembre, 9 heures précise.

4/1 Barraba était à son bureau, pensif, essayant de faire la synthèse des trois évènements survenus cet été, de trouver un lien qui les unissait et surtout le mobile. Il avait consulté les fichiers nationaux pour voir si d'autres faits analogues avaient été répertoriés. L'idée d'un « serial killer » lui était venue à l'esprit mais le mode opératoire ne correspondait à rien de connu.

Un seul élément en commun - le lieu ! Sur deux agressions il y avait été vu des tierces personnes. Mais l'accident avec le train ne collait pas avec le reste !

Il avait sur un mur fixé un tableau blanc, un tableau sur lequel on notait des informations avec un feutre spécial, et qu'on pouvait effacer avec la main. Cela lui permettait de faire les corrections qui s'imposaient.

Il avait noté les dates, les lieux, les noms, les horaires, après avoir lu et relu les dépositions. Il reliait avec des lignes les éléments concordant, se reculait pour y voir clair et éventuellement trouver une piste. Mais là….rien.

Depuis l'enterrement il n'arrêtait pas d'être harcelé par maître Masset, qui maintenant représentait les intérêts des quatre familles. Il n'aimait pas cet avocat qui était toujours très désagréable au téléphone, mais il mettait ça sur le compte du malheur qui les avait frappé. Il croyait même qu'il y avait de sa part une certaine jubilation à l'appeler sous n'importe quel prétexte. Il l'appelait, le tannait pour recueillir des informations, afin d'étayer son dossier. Des sous-entendus mettaient en cause le professionnalisme des gendarmes. En fait, il montait un dossier à charge.

9 heures 06, le téléphone sonna !

Barraba leva les yeux au ciel ! Encore cet avocat pensa-t-il ! Daumier voulait lui passer une communication de l'extérieur. Le capitaine s'enquit !

« C'est encore Masset ?

— Non….une dame de St Trojan….une certaine Mlle Chartel !

— Une demoiselle ? Une jeune ?

— A l'entendre, plutôt une vieille fille !

— OK, passez-la moi….Allô Mlle Chartel ?

— Allô, oui….vous êtes bien le gendarme chargé de l'enquête sur les incidents survenus sur la plage de Gatseau ?

— En effet, je suis le capitaine Barraba, que puis-je pour vous ? »

A ce moment, Barraba eut comme une crispation, un creux à l'estomac, un signe chez lui qui était de bon augure. A la voix il avait bien senti qu'il s'agissait d'une femme âgée, et qu'il ne s'agissait pas d'un canular. Elle avait une voix timbrée qui passait bien à l'écouteur, une douceur dans le ton, des mots parfaitement articulés, qui faisaient penser à une institutrice lisant une dictée. Seul un léger tremblement dans le ton, que Barraba attribua à l'émotion suscitée par un appel à la gendarmerie.

« Voilà, j'ai lu dans la Gazette, un article concernant les incidents de Gatseau et que vous étiez en quête de renseignements….Je crois que j'ai des informations qui pourraient vous intéresser ! »

Barraba avait des fourmillements au bout des doigts, la gorge nouée, la sueur au front ! Il était très excité par ce contact et attendait avec impatience la suite de ces révélations. Sa jambe droite tremblait tandis que son pied battait la mesure, un signe d'une très grande excitation. Il ne savait pas pourquoi, mais cet appel lui semblait être une perche tendue, confusément, quelque chose de très important pour la suite de ses investigations. Un signe du destin, une piste qu'il ne fallait pas laisser passer, ni négliger ! Il enchaîna.

« Je vous remercie Madame !

— Mademoiselle !

— Oh, pardon !...Je vous remercie pour votre sens civique. En aidant les forces de gendarmerie nous pouvons espérer aboutir dans cette enquête. Voulez-vous que l'on se rencontre ?

— Oui, volontiers ! Mais vu mon âge, il m'est difficile de marcher, aussi si vous vouliez bien venir chez moi, cela m'arrangerait bien.

— Sans problème, Mlle Chartel, je prends vos coordonnées !.... A 16 heures, entendu ! A tout à l'heure ! »

4/2 Barraba raccrocha, tremblant d'impatience. Mais qu'avait-elle à lui dévoiler ? Une vieille fille ? Que pouvait-elle avoir en commun avec les différents acteurs de ces drames ? Quelle information pouvait-elle détenir ?

Il prit un plan de St Trojan, pour se repérer afin de se rendre directement chez elle. Il informa Daumier qu'il serait absent cet après-midi, et qu'il prendrait la 4L pour se rendre chez Mlle Chartel.

Il se prépara mentalement car il le sentait bien, c'était un rendez-vous de la plus grande importance, quelque chose qui pouvait relancer l'affaire, une affaire qui était au point mort, au plus grand dam du colonel. Il espérait ressortir de là avec des indices probants qu'il faxerait au colonel pour le calmer. Ainsi que maître Masset qui ne tarderait pas à le rappeler.

Quand, à 15 heures 45, Barraba tourna la clé du démarreur, il était loin de se douter qu'à la suite de cette entrevue, il allait entrer dans une aventure incroyable, une histoire extraordinaire !

Il était 15 heures 45, ce 1er septembre.

A 16 heures pile, il se garait à l'adresse indiquée. Il était passé plusieurs fois devant cette maison pendant son service, mais n'y avait jamais prêté attention.

Une fois garé il resta là un moment à la contempler, plutôt l'admirer, car son style ancien lui plaisait bien. C'était une petite maison typique des années trente.

Toute en finesse, la charpente apparente sous l'avant toit, était sculptée avec délicatesse. Un escalier menait à la porte d'entrée, celle-ci en bois massif présentait la particularité d'avoir en son centre un oculus rond monté en verre cathédrale, partagé en plusieurs secteurs de verre colorés. Cela faisait penser à un vitrail d'église. Le mur de façade présentait de belles pierres de pays, jointoyées par de la chaux. Tout était peint en blanc, à l'exception des volets qui eux, avaient reçu une couche de peinture bleu pâle, couleur typique de la région.

Au fur et à mesure qu'il découvrait la façade, Barraba notait des détails de construction assez originaux. Les fenêtres par exemple, elles étaient formées de deux cintres en demi cercle, avec une pierre en clé de voûte au sommet et une colonne au centre pour leur maintien. Barraba pensa qu'il s'agissait sans doute de matériaux de récupération. L'ensemble était assez joli, en tout cas ça plaisait au capitaine. Bien que vieillotte, elle semblait être entretenue avec soin. Passé ce moment d'observation il se dirigea vers la maison. Il sonna… la porte d'entrée s'ouvrit et dans l'entrebâillement il distingua Mlle Chartel. Elle l'invita à entrer.

« Entrez inspecteur ! »

4/3   Ce lapsus fit sourire Barraba, mais ceci n'avait aucune importance. Ne pas contrarier cette femme…..surtout pas !

Une fois à l'intérieur, le capitaine put enfin se rendre compte de visu, à quoi ressemblait Mlle Chartel. C'était en effet une femme d'un certain âge, mais il fut tout de suite conquit, sous le charme. C'était une femme fluette, le visage ridé certes, mais d'une finesse charmante. Son teint était pâle, ses cheveux grisonnants tirés en arrière pour former un chignon. Elle portait une robe de flanelle gris-bleu, boutonnée sur le devant et agrémentée de fines dentelles autour du cou et des poignets.

Derrières des lunettes à monture très fine, la nature lui avait donné des yeux d'un bleu très pâle, dans lesquels on pouvait deviner de la douceur, de la gentillesse. Quand elle lui proposa de bien vouloir la suivre au salon, il remarqua avec quelle élégance, quelle grâce elle se déplaçait. La façon dont elle bougeait les bras et les mains, prouvait que cette femme avait suivi une très bonne éducation - comme dans le temps ! Elle se retourna et lui proposa un siège.

« Prenez place inspecteur ! Puis-je vous proposer une tasse de thé ?

— Ce sera parfait Mlle Chartel ! »

Pendant qu'elle se rendait dans la cuisine, Barraba regarda autour de lui. Tout était à l'image de la maîtresse de maison, tout pastel tout diaphane. Les meubles de qualité étaient de style louis XV, le tapis central d'origine chinoise, et toute l'argenterie brillait de mille feux. Les murs étaient recouverts d'un nombre important de tableaux, pour la plupart dans le style impressionniste, aux teintes douces et reposantes. Beaucoup représentaient des lieux ou des sites connus de lui. Des maisons, des ruelles fleuries, des églises, des calvaires, des ports, des bateaux, les marais salants, le bord de mer. Tous ces paysages venaient exclusivement de l'île d'Oléron. Barraba se souleva un peu pour voir la signature du tableau le plus proche « *Chartel.* »

Elle entra juste à ce moment là, interpellant le capitaine.

« Alors vous admirez mes croûtes ?

— Félicitations Mlle, vous êtes vraiment douée ! Vous étiez peintre ?

— Non, institutrice !

— L'un n'empêche pas l'autre, c'est vraiment admirable !

— Merci bien ! »

Elle versait délicatement le thé dans des tasses en porcelaine, d'une finesse et d'une fragilité qui mit mal à l'aise la capitaine quand il dût la prendre avec – on peut dire – ses grosses mains. Après avoir bu quelques gorgées de thé, il engagea la conversation.

« Il semblerait Mlle Chartel, que vous déteniez des informations susceptibles de faire progresser notre enquête ?

— Figurez-vous inspecteur, que je suis abonnée à la Gazette Charentaise. Et quand j'ai lu toutes ces horreurs qui sont advenues sur la plage de Gatseau, et que vous recherchiez des témoins, j'ai pensé que je pourrais vous être utile. Je ne suis pas témoin direct, ni au courant des indices encore moins des recoupements entre les affaires, mais….

— Mais ?

— Cela m'a fait penser à quelque chose, comme un flash, quelque chose du passé ! Mais pour que cela soit plus clair pour vous, il faut que nous fassions un voyage dans le temps, un retour en arrière ! Vous êtes prêt ?

— Je suis tout ouïe !

— Je suis arrivée sur l'île en 1946. A l'époque, on arrivait en train depuis Paris et l'on prenait le bac au Chapus pour rejoindre l'île sur le débarcadère d'en face. Ce fut pour moi un moment inoubliable, découvrir une terre sauvage, presque vierge, protégée par la difficulté de s'y rendre. Elle n'intéressait personne, tout au moins pas encore les promoteurs immobiliers. Quand je vois maintenant avec le pont, quel massacre ! Tout était beau, rude soit, mais tellement prenant. Bref pour en revenir au sujet, il faut vous dire que j'arrivais de la région parisienne, où j'avais suivi une formation d'institutrice à l'Ecole Normale. Par ailleurs, j'étais attirée par le dessin et la peinture et j'ai donc suivi des cours aux Beaux-Arts. J'avais postulé pour un poste à St Trojan, qui avait été accepté vivement après la guerre.

— Et vous avez acheté cette maison ?

— J'étais fille unique et au décès de mes parents pendant la guerre, j'ai revendu notre maison de Vincennes et me voilà débarquant, toute jeunette et plein d'enthousiasme. Vous savez, je suis très croyante et quel ravissement de pouvoir observer tous ces monuments. Les églises, les calvaires, tous ces témoignages de notre Seigneur Jésus-Christ. Tout mon temps libre je l'ai passé à parcourir cette île. J'ai tout croqué, tout dessiné, tout peint ! Pas un clocher oublié, pas un marais salant ne m'a échappé. Cela fait 50 ans que je pose mon chevalet, mon carton à dessin. Je connais chaque ruelle, chaque pierre, chaque calvaire, et il y en a ! Vous savez du fait de son isolement, la religion a été le ciment de tous ces gens. Il y avait des craintes, des doutes, et le malheur qui s'abattait sur une famille d'un marin perdu en mer. Isolés du continent, ces braves gens n'avaient que, comme seul soutien, leur croyance en notre Seigneur.

— Quand je vois vos tableaux, moi qui connais un peu le terrain, c'est vraiment une réussite !

— Et les églises ! Vous connaissez celle de St Georges ! Une splendeur !

— Il faut avouer que ce ne sont pas les Saints qui manquent ! De mémoire, St Denis, St Pierre, St Trojan….

— Et vous oubliez St Gilles ! »

Barraba avait laissé Mlle Chartel évoquer tout ce passé, ce contexte religieux sans mot dire, ne voulant pas la brusquer, ni la vexer, mais il était sur des charbons ardents car, rien pour le moment n'avait de lien avec son enquête. Il essaya de relancer la conversation sur ce qui l'intéressait.

« Exact, mais je dois vous avouer que je ne vois pas trop la relation entre votre expérience et notre affaire ?

— C'est normal inspecteur, cette affaire remonte à très loin, et pour le moment elle vous dépasse. C'est une histoire à trois clés. Pour dénouer cette affaire vous avez trois serrures à ouvrir. Quand vous les aurez, tout s'éclaircira ! Mais pour le moment vous n'êtes pas prêt !

— Trois serrures, trois clés ? Mais à quoi faites-vous allusion ? Il s'agit de paraboles qui m'échappent !

— J'ai volontairement insisté sur le côté religieux, car croire en Dieu, est une des clés ! Pour tout lier et tout comprendre ! Etes-vous croyant M Barraba ?

— Pas du tout Mlle Chartel ! Vous savez je viens de la DASS, et dans ma jeunesse je n'ai jamais été amené à croire en un Dieu ! Non, je pense être athée et rien de ce que je vois, de fou et de cruel dans ce monde, ne me fera croire qu'il existe un Dieu ! Je respecte la foi des croyants, mais je classe les hommes en deux catégories, les bons et les méchants ! Déformation professionnelle je pense. A moi de faire le tri !

— Alors inspecteur….. Il va falloir faire de gros efforts si vous voulez mener à bien votre enquête ! Mysticisme inspecteur, toute l'île baigne dans un mysticisme exacerbé depuis des siècles ! Tout est mythique, mystères, croyances divines ou pas, les gens d'ici depuis des générations se plaisent dans l'irrationnel, les légendes ! Il va falloir intégrer tout inspecteur……Tout ! »

Un « ange » passe ! Le silence s'est installé dans le salon et Barraba confronté à de l'irrationnel ne savait plus trop quoi dire et penser ! Il questionna.

« Et les autres clés ?

— En 1946, j'ai été en charge à l'école primaire d'enfants de 5 à 9 ans. Puis en 50, des grands pour les amener jusqu'au certificat d'études. J'avais parmi mes élèves un enfant. Un enfant pas comme les autres, né sourd-muet, et bien sûr pas de structure pour ce type de handicap. J'ai bataillé ferme pour qu'il intègre ma classe, malgré la désapprobation de beaucoup. J'ai appris le langage des signes, tout au moins l'essentiel, pour pouvoir lui transmettre et communiquer avec lui. Cela lui a permis d'apprendre à lire, écrire et compter. Je dois avouer que je suis fière de cette réussite, mais ce gamin en voulait tellement, une envie de savoir intense. Il avait 5 ans quand il est arrivé avec sa petite bouille mignonne, des yeux d'un bleu azur, et des cheveux d'un blond soyeux, une beauté infantile émouvante. J'ai souvent pensé qu'il s'agissait d'un don de la nature pour compenser son handicap. Ça... il aurait pu aller loin et apprendre un bon métier !

— Aurait pu ? Excusez-moi Mlle Chartel, mais quelque chose l'en a empêché ?

— Hélas...oui ! Cet enfant a disparu !

— Disparu ? Vous voulez dire qu'il est mort ?

— On suppose.....On n'a jamais retrouvé son corps.

— Comment cela s'est-il passé ?

— Oh....Une affaire douloureuse .un drame ! Maxime.....oui, il s'appelait Maxime. Il avait un don exceptionnel. Cela ne pouvait mieux tomber avec moi. A croire qu'il était né un pinceau dans la main. Doué pour la peinture comme on ne peut l'imaginer pour un enfant de cet âge. Déjà tout petit ses dessins de classe étaient d'un réalisme surprenant. Il avait assimilé les perspectives, les ombres, les volumes, les couleurs. J'adorais travailler avec un tel enfant. Il apprenait très vite et je l'aidais à se perfectionner. Avec le temps, il avait acquis une véritable maîtrise de son art. Et puis vint le moment, l'heure de se confronter à la réalité ! La nature en face de soi, la toile blanche sur le chevalet et les tubes de couleur. Là aussi je n'avais aucune inquiétude. Il mariait les couleurs, les teintes avec réalisme, il excellait dans les paysages. Comme moi il était amoureux de cette terre. Bien des fois, nous avons parcouru les landes en quête d'un paysage, un point de vue, un angle particulier. Tenez, j'ai gardé un de ses tableaux ! »

Mlle Chartel se leva et alla décrocher un tableau. Elle le présenta à Barraba. Il l'observa quelques instants, et reconnut qu'il était peint avec finesse et réalisme car il en fit part à son hôtesse.

« Mais ne s'agit-il pas de la plage de Gatseau ?

— En effet ! Etonnant n'est ce pas ?

91

— Il s'agit d'une belle œuvre et qui plus est, me ramène à la plage de Gatseau. Je ne saisis pas bien où cela me mène, mais je pense que vous avez Mlle Chartel, des choses encore à me dire !

— Et puis…..vint ce jour de septembre….Fin septembre 1952 ! Oh, je me rappelle bien cette date, quel malheur ! Justement, ce jour là, il était venu me voir. Il voulait retourner sur la plage, car en ces périodes de grandes marées, comme vous le savez peut-être, la mer modifie les paysages. Je lui avais conseillé de faire très attention, car la mer, suivant la météo, était démontée. Mais il était grand maintenant et tellement enthousiaste. Je lui ai prêté mon matériel…... Je ne l'ai jamais revu ! »

Barraba sentit que l'émotion gagnait cette vieille femme. Se remémorer tous ses souvenirs, malgré un passé lointain, lui étreignait le cœur. Il la laissa reprendre ses esprits et il enchaîna.

« On n'a pas retrouvé le corps ?

— Non….Dans la soirée, ne le voyant pas revenir, j'ai alerté la police ! Seuls, le chevalet et la boîte de tubes furent retrouvés sur la grève. Malgré les recherches et l'attente, la mer n'a jamais rendu le corps. »

Cela fit « tilt » dans l'esprit du capitaine ! Le rapprochement avec la disparition de Big-jo, était manifeste ! On n'avait pas retrouvé le corps non plus, même avec les moyens de notre époque et…..sur la même plage ! Mlle Chartel le sortit de ses pensées.

« Excusez-moi inspecteur, mais je suis un peu fatiguée, tous ces souvenirs m'ont épuisée !

— Oh, pardon, d'être resté à vous écouter si longtemps ! Mais votre discours était si intéressant que je n'aie pas vu le temps passer ! Je crois que vos informations vont me permettre d'avancer. Je vous remercie du fond du cœur. Mais je voudrais vous poser une dernière question, si vous le permettez ! Si l'aspect religieux revêt une telle importance et si votre démarche constitue la première clé, qui détient la deuxième clé ?

— Le père Louis !

— Le père Louis ?

— Oui un ancien prêtre qui habite une masure à la sortie du village de l'Ile, sur la route de La Brée ! Lui seul a le pouvoir ! Lui seul peut vous initier pour que vous appréciiez l'importance de l'autre versant ! »

Barraba après maints remerciements prit congé de Mlle Chartel. Il s'installa au volant de la 4L et avant de démarrer il se mit à repenser aux paroles de cette femme. Il nota sur un carnet tous les points pouvant satisfaire au redémarrage de son enquête. Le seul point positif était la similitude entre les deux disparitions. Une date qu'il faudra mettre en avant : fin septembre 1952 ! Mais il était inconcevable que ces deux affaires aient un point commun à 43 ans d'intervalle ! Et puis, lui vint à l'esprit, l'attitude étrange de Mlle Chartel. Sous ses airs de vieille bigote, ne lui avait-elle pas fait passer un message, incompréhensible pour lui. Insister tant sur le caractère religieux, cela n'avait-il pas un sens caché, des indices voilés ? Lui l'athée n'y voyait aucun signe. Elle avait légèrement abordé le thème des légendes, des malédictions, des peurs, des craintes ? Avait-elle eu connaissance dans cette île coupée du monde, de manifestations de sorcellerie, des envoûtements, qui auraient maintenu la peur du Démon aux îliens ? Et cette façon détournée d'en venir au petit Maxime, n'était ce pas voulu ? Non, Barraba en était convaincu, Mlle Chartel n'avait pas fait tout ce discours pour rien. L'aurait-elle prémédité ? Enfin de compte ne l'avait-elle pas manipulé? N'y aurait-il pas une action mystérieuse? Lui faire prendre un chemin dont il ignorait les tenants et les aboutissants?

Dernière interrogation: qui était père Louis?

5

La troisième clé.

5/1 Daumier l'attendait impatiemment, plus par curiosité que pour le service. L'arrivée impromptue de cette vieille fille dans l'enquête, titillait son imagination. Mais son attente ne fut pas récompensée, car Barraba afficha un mutisme qui n'autorisait aucune question. A peine arrivé, il s'enferma dans son bureau. Daumier qui connaissait parfaitement son chef, voyait bien que quelque chose clochait ! Son chef avait changé au fil du temps, il était devenu taciturne peu enclin à la conversation, ce n'était plus « son » Barraba !

Ce dernier, installé à son bureau, recopia sur un cahier les notes prises après l'entrevue et aussi, avec le plus de précision possible, l'ensemble de ses réflexions, de ses interrogations. Il nota comme à son habitude, sur son tableau les nouveaux indices et entoura d'un feutre rouge sa prochaine intervention. Celle qui lui paraissait la plus intéressante et la plus urgente : *père Louis.*

Il prit une carte routière de l'île d'Oléron et repéra le village où il devait se rendre le lendemain matin. Il était tard, il rentra dans ses foyers.

5/2 Le lendemain matin 10 heures 15.

« Daumier, je reprends la 4L, je ne sais pas quand je vais rentrer, mais vous pourrez me joindre sur la radio de bord. Je serai à l'Ile, sur la route de La Brée. A bientôt ! »

Passé Cheray, il tourna à droite et tomba sur un petit village qu'il ne connaissait pas. Au centre, sur la place, un groupe de personnes âgées, discutaient sur un banc, à l'ombre des arbres. Barraba stoppa et se présenta.

« Pardon messieurs, pourriez-vous m'indiquer la maison du père Louis ? »

Les hommes se regardèrent avec étonnement, car un gendarme qui demandait la maison de père Louis avait quelque chose d'inquiétant ! Certains tournèrent la tête refusant manifestement de répondre comme si l'évocation du prêtre leur faisait craindre quelque chose ? Mais un des hommes se leva et tout en faisant son signe de croix lui indiqua la route.

« La route derrière vous ! La dernière maison sur la gauche, vous ne pouvez pas la manquer ! »

Après les avoir remerciés, il redémarra à petite vitesse sous les yeux scrutateurs des vieillards. En effet ces hommes et Mlle Chartel avaient raison, cette bâtisse ne pouvait passer inaperçue. Il la dépassa et revint en arrière pour l'observer au mieux. Ce n'était pas vraiment une maison mais une masure ! Elle semblait abandonnée et il se demanda comment elle pouvait encore tenir debout, et surtout comment était-il possible que quelqu'un y habitât ! Le crépi, à l'origine supposé blanc, partait en grandes plaques, laissant apparaître des pierres de pays disjointes. Les deux cheminées en briquettes n'avaient plus de chapeau et penchaient dangereusement. Des tuiles manquaient çà et là, ruinant à coup sûr la charpente au fil du temps par des infiltrations. Les fenêtres avaient perdu leur vitrage, et les volets pendaient lamentablement, un seul gond étant encore en place. La porte sur rue était à terre, ce qui ne devait pas présenter un risque, car l'endroit ne devait pas susciter quelque intérêt. Entre celle-ci et la maison, la cour était cimentée, jonchée de divers détritus et attaquée par les ronces, les mousses, et les pas-d'âne en multitude dans les crevasses du ciment. Au centre se tenait un puits mais qui, vu son état de délabrement ne servait plus que de perchoir à quelques volatiles.

Barraba ne pouvait imaginer qu'un être humain puisse vivre là ! Dans quel dénuement un homme pouvait-il être, pour accepter ces conditions de vie. Et pourtant de la vie, il y en avait. A première vue, de la vie animale ! Des animaux vivaient là en toute liberté. Sur l'arceau en fer forgé du puits, au dessus d'une poulie rouillée, des poules naines se tenaient serrées les unes contre les autres. Barraba avait cru d'abord à des corbeaux, mais non il s'agissait bien de poules noires qui s'envolèrent pour se regrouper sur le toit. Barraba pensa que des corbeaux n'auraient pas fait tâche dans un tel décor, tant il était sinistre.

Ce décor ne semblait gêner outre mesure, une basse-cour faite de canards et de poules, qui, le portail étant à terre, leur permettait d'aller picorer sur le bas côté de la route au risque de se faire écraser ! Il aperçut aussi un chat noir qui se prélassait au soleil dans les herbes folles. Le lieu n'était pas engageant, et malgré sa présence manifeste au portail, aucun signe de vie à l'intérieur. La bâtisse était faite de deux pièces en façade. Celle de gauche avait la porte fermée et les vitres de la fenêtre, avaient été remplacées par des toiles d'araignées. A droite par contre, la porte était ouverte ! Mais de là où se tenait Barraba, il lui était impossible de voir à l'intérieur. La pénombre l'empêchait de distinguer quoi que ce soit. Il appela.

« Ohé !....Il y a quelqu'un ? »

Le chat noir à ces mots, se dressa sur ses pattes et le poil hérissé feula méchamment, et s'enfuit dans les taillis. Et alors, de la porte, comme venant du néant, il entendit.

« Entrez, capitaine Barraba , je vous attendais ! »

Barraba resta interdit ! Comment pouvait-il connaître son nom ? De plus il était venu à l'improviste. Il avança, un peu sur la défensive, n'ayant aucune idée de ce qui l'attendait. Au fur et à mesure qu'il avançait, il distinguait mieux l'intérieur de la pièce. Mais ce qu'il vit en premier lui fit froid dans le dos. A 20 centimètres du sol, deux points rouges le fixaient. Puis sa vue s'habituant à l'obscurité, il découvrit qu'il s'agissait des yeux d'un chien couché sous une table de bois blanc. A cette table un vieil homme était accoudé. Barraba fit un pas en avant. Les deux points rouges se situaient maintenant à 40 centimètres du sol et un grognement se fit entendre ! Deux « gousses d'ail » d'une blancheur parfaite apparurent ne laissant aucun doute à qui elles appartenaient ! L'homme s'adressa alors au chien.

« Doux Melchior, c'est un ami ! Entrez capitaine, et laissez le flairer votre main pour qu'il s'habitue ! Vous ne craignez rien ! »

Barraba n'était pas fier ! Une certaine méfiance face à un animal qu'il ne connaissait pas, augmentée quand l'animal se leva de toute sa hauteur de dessous la table. Le molosse renifla la main tendue, la lécha, et retourna s'allonger à son poste d'observation. C'était une superbe bête, un berger allemand, pas très vieux, dans la force de l'âge. Son poil était long et soyeux, couleur fauve et noir. Mais derrière une apparente docilité, ne se cachait-il pas une bête féroce, de celle qui vous attrape le poignet et vous laisse un moignon sanguinolent ! Aussi par prudence, il resta à bonne distance et évita tout geste brusque. Remis de ses émotions, il s'adressa au père Louis.

« Vous êtes père Louis ?

— Et vous Michel Barraba !

— C'est exact ! Et je m'étonne que vous connaissiez mon nom ?

— Oh, j'ai des antennes partout dans cette île ! Voire plus efficaces que celles de vos casernements ! Mais jeune homme, j'en sais encore plus ! Vous venez pour les affaires de Gatseau ?

— En effet père Louis ! C'est Mlle Chartel, qui m'a conseillé de venir vous voir ! Vous auriez la deuxième clé ?

— La deuxième clé !.....Ah ….Ah….Ah….. !

Le père Louis partit dans un rire qui fit froid dans le dos du capitaine. Un rire caverneux, ponctué de quintes de toux, faisant plier en deux le pauvre homme. De là où il était placé, Barraba put entrevoir l'intérieur de sa bouche. Pratiquement édenté, les quelques chicots restants étaient d'une couleur jaune et noirâtre, sur des gencives tuméfiées ! L'homme devait fumer plus que de raison pour avoir une dentition aussi repoussante. Il chique peut-être pensa Barraba ?

La pièce était imprégnée de cette odeur caractéristique que laisse le tabac froid. Lui qui ne fumait pas, cette odeur lui était insupportable, mais son travail l'obligeait à s'accommoder de ce type d'inconvénient. Père Louis se leva.

« Excusez-moi, capitaine, mais je dois aller pisser ! La prostate !

— Je vous en prie, prenez votre temps ! »

Pendant que le vieil homme alla se soulager dans le jardin, le capitaine, jeta un coup d'œil à la pièce. Manifestement, il vivait là à perpétuité, et sûrement sa seule et unique pièce. La représentation type d'un taudis, en désordre mais c'était surtout cette odeur de moisi, générée sûrement par l'humidité s'infiltrant par les fuites du toit. Sur la gauche, juste en face de la porte, la table carrée en bois blanc. Dessus, un reste de pain, un bol de soupe, une cuiller et un couteau. Un litre de vin rouge entamé, complétait ce qui devait être son repas. Une pochette de tabac à rouler et une boîte d'allumettes confirmèrent l'attachement du moine au tabac. En face près de la cheminée, un lit, plutôt une paillasse en fer forgé, sur laquelle était étalé un vieux matelas en fin de vie. A droite, en entrant, une pierre à évier taillée dans un bloc de pierre comme dans les vieilles maisons de campagne, devait être le seul point d'eau à proximité. Il était alimenté par un gros robinet en laiton qui fuyait et laissait passer quelques gouttes d'eau. Au fond de la pièce, en face de la pierre, se dressait une cheminée. Elle était éteinte mais un lit de cendres restait dans l'âtre. De part et d'autre, on avait rangé un stock de bûches. Pendant dans l'axe de l'âtre, une crémaillère retenait un chaudron en fonte au cul charbonné. Barraba put voir que l'eau contenue fumait encore, en prévision peut-être d'une simple toilette. Car à première vue il n'y avait aucun confort ménager, cela n'était sans doute pas, une priorité pour le père Louis. En entrant, celui-ci lança.

« Pas fameux comme confort, hein ? »

Barraba resta encore une fois surpris. Comment cet homme pouvait-il savoir le fond de sa pensée.

« J'ai connu mieux ! Mais si voulez bien, je voudrais en venir aux faits. Si j'ai bien entendu Mlle Chartel, un fort mysticisme plane sur l'île ?

— Ah…. Mlle Chartel…..une sainte !

— Elle voudrait me faire croire qu'un mythe séculaire hante les populations, fait craindre le pire et fait se fermer portes et volets ?

— Ah…capitaine…je sens dans votre voix un scepticisme bien naturel ! C'est bien normal pour un homme chargé d'appliquer les dures règles de la loi des hommes…..et athée de surcroît ! Et la loi de Dieu ! Qu'en faites-vous ? Ce qui régit cette planète, c'est l'équilibre des forces ! Le bien contre le mal, le yin et le yang, Dieu et…..l'*AUTRE* !

— Mais de qui diable parlez-vous ?

— Non… Ne prononcez pas ce nom ici malheureux ! »

C'était déjà trop tard !

Le chien couché sous la table, au ton qu'avait eu son maître, enfouit son museau entre ses pattes et se mit à gémir !

D'un coup, un bruit sourd, un souffle violent descendit de la cheminée ravivant le feu éteint, dispersant les cendres enflammées au travers de la pièce, créant un nuage étouffant et brûlant. Père Louis hurla.

« Venez, sortez, viens Melchior ! »

Barraba, restait subjugué, tétanisé par ce qu'il était en train de vivre. Il vit alors le vieil homme prendre une canne blanche, s'agripper au collier du chien pour sortir. Père Louis était aveugle !

Mais cette scène le rendit fou, fou de peur ! Il était en train d'être le témoin de quelque chose d'inimaginable pour un homme aussi cartésien que lui. Il n'était plus sûr de rien !

N'ayant pas réagi aussi vite que le père Louis, il resta un moment interdit, à observer des manifestations extraordinaires. Dans ce nuage grisâtre, il vit, muet de stupeur, des phénomènes appelés « poltergeist » ! Dans un vacarme assourdissant, des sons comme des cris sortaient de la cheminée, le bol, les couverts, le litre de vin traversèrent la pièce pour aller s'écraser contre le mur de face. La table sautait sur ses quatre pieds comme si elle dansait et semblait rythmer les saccades du lit, celui-ci se soulevant, grinçant de tous ses fers. La paillasse, se creusait et se relevait comme si quelqu'un sautait à pieds joints dessus. Et pour couronner le tout, le robinet s'éjecta de son filetage, laissant jaillir un jet d'eau qui, arrivant directement dans l'âtre, fit des cendres, une mélasse noirâtre et gluante.

A ce moment, comme si il y avait eu un signal mystérieux, la fumée repartit en arrière dans le conduit de la cheminée, le souffle disparut avec, et les éléments cessèrent de s'agiter. Seul le jet d'eau continuait à inonder la pièce d'une flaque d'eau visqueuse.

Calme plat ! Après quelques minutes apocalyptiques, un silence inquiétant régna dans les quelques mètres carrés de la pièce. Barraba n'en revenait pas et resta figé quelques instants malgré les appels du père Louis. Il sortit de là, hébété, comme s'il sortait d'un cauchemar, un mauvais rêve. Il se retourna pour s'assurer qu'il était bien éveillé. En effet, l'homme et son chien étaient postés le long du puits. Stoïque, il était assis sur la margelle, le chien à ses pieds.

Il s'avança vers eux et à ce moment là, il entendit dans son dos comme des froissements d'ailes. Il pivota et vit sur les tuiles faîtières du toit, une rangée d'oiseaux noirs, toutes ailes déployées ! Des cormorans au plumage sombre et au bec affûté. Ils le fixaient, et Barraba ne put s'empêcher de penser au film d'Hitchcock. Il appréhendait une chose, qu'ils plongent sur lui, pour lui crever les yeux. Ce qui le ramena à cette observation furtive mais bien réelle

- comme père Louis !

Mais rien n'arriva !

« Tenez, vous voudriez bien fermer l'eau, s'il vous plaît ? »

Barraba suivit le tuyau et ferma le robinet situé dans le regard. Il pensa que Père Louis ne perdait pas le sens des réalités malgré ces fâcheux évènements.

Etait-il habitué à ce genre de manifestation paranormale, maléfique ? Qui était donc cet homme énigmatique ? Il l'interrogea.

« Ça arrive souvent ?

— Moins maintenant qu'*IL* a eu raison de moi !

— Comment ça ? Expliquez-moi !

— Oh….Ça risque d'être long mon garçon !

— J'ai tout mon temps ! »

Placé en plein soleil, Barraba put observer en détail le visage du vieil homme. Du fait de son âge sa peau était ridée, voire fripée par le temps, mais aussi hâlée et tannée par le soleil et la proximité de la mer et de ses embruns. Son visage était émacié et sous une chemise douteuse et une salopette élimée, on devinait un corps squelettique. Mais ce qui attirait l'œil, c'était le contraste entre le brun de sa peau et le blanc de ses deux yeux ! Deux yeux éteints, vides de toute expression, sans vie, sans âme ! Quelqu'un qui vous regarde sans vous regarder !

Dérangeant !

Comment aborder une conversation avec un homme qui, déjà, semble-t-il, sait tout de vous, qui connaît les réponses avant d'avoir entendu les questions ! Et dont on ne peut lire dans les yeux !

Déstabilisant !

« Que s'est-il passé pour mes yeux ? N'est-ce pas ? »

Barraba n'en revenait pas ! Etait-ce un sorcier, un devin ? Jusqu'où allaient ses pouvoirs ?

Inquiétant !

« Je pense que vous pourriez commencer par le début ! Ce serait bien !

— Il y a bien longtemps….vous n'étiez pas né, j'étais curé dans une petite commune dans le sud de la France, dans l'arrière pays niçois. Et les circonstances ont fait que j'y ai pratiqué quelques exorcismes, comme il est coutumier dans les campagnes. J'avais quelques dispositions pour cette activité, et je pensais que cela correspondait à mon ministère, soulager mes gens. J'y croyais pas plus que cela, mais il me semblait que mon devoir était là, proche des âmes en souffrance. Je les rassurais, les libérais du démon qui les possédait ! Avec le temps et quelques exorcismes plus tard, j'étais devenu assez populaire, j'avais de nombreux fidèles et on venait me chercher des lieues à la ronde. Un jour, j'ai fait la connaissance d'un antiquaire, un homme d'une grande gentillesse et très attaché à la peinture, un connaisseur. Il était à la recherche d'un tableau, un Van Dorn, un artiste exceptionnel d'après lui. Au début du siècle, il donnait presque ses tableaux, pour une bouchée de pain, pour manger, c'est le cas de le dire ! Œuvres sublimes mais maléfiques ! Elles valent des millions aujourd'hui !

— Maléfiques ?

— A en croire cet antiquaire, l'artiste peintre, un jour, s'est crevé les yeux à trop regarder une de ses œuvres ! Son dernier tableau ! Toujours est-il, qu'il pensait du fait de la dispersion de ces tableaux, pouvoir s'en procurer un, non pas pour sa valeur mais pour l'œuvre en elle-même. Un véritable fanatique, qui courait toutes les salles de vente du pays dans l'espoir d'en acheter un. Une rareté aujourd'hui, sa cécité ayant mis un terme à sa création. Il y avait chez cet antiquaire une véritable fascination pour ce peintre, et il m'avait dit qu'un jour il en aurait un ! Il gardait l'espoir. C'est à cette époque que j'ai quitté ma Provence natale pour venir ici. Un vieux prêtre venait de mourir et j'avais été envoyé dans sa cure en remplacement provisoire. Provisoire, qu'ils avaient dit ! J'y suis encore ! Mais dès mon arrivée, j'ai tout de suite senti comme un malaise ! Cette terre, cette île balayée par les vents, me semblait vivre dans la crainte. On avait semé le doute, fait germer des angoisses. Cet isolement, par rapport au continent, avait favorisé, poussé les gens au démonisme. Bon nombre de gens, des gens simples pour la plupart, des travailleurs au métier pénible, voire dangereux, croyaient aux sortilèges.

— Mais c'était il y a longtemps ! Par manque d'éducation !

— En effet, il était temps que j'arrive! D'ailleurs, je me suis souvent demandé si ma réputation sulfureuse n'était pas à l'origine de mon éloignement.

— Et plus particulièrement dans cette île pour faire le « ménage » si je puis dire !

— Exact ! Puis au bout d'un moment je reçois une lettre de mon ami antiquaire. Il avait enfin trouvé son Van Dorn ! Fou de joie, c'était en plus le dernier peint par l'artiste. Je lui avais répondu que j'étais bien content pour lui. Et le temps passa. J'étais sollicité de toute part pour pratiquer des exorcismes, avec une certaine réussite, il faut le dire. Le combat était rude et je ne ménageais pas ma peine. J'avais acquis une certaine réputation dans l'île et l'on m'appelait du nord au sud et de l'est à l'ouest ! J'avais la satisfaction de remplir ma mission. Celle de sauver des âmes, de ramener au bercail les brebis égarées.

— Et cet antiquaire ? Vous avez eu de ses nouvelles ?

— J'y arrive ! Un jour je reçois un colis ?

— Un tableau ? Le fameux Van Dorn !

— Celui-là même ! Une lettre explicative d'un notaire, qui après le décès de son client l'antiquaire, me signale que ce dernier m'en faisait don. Mais son courrier se termine par quelques lignes affreuses. Cet homme s'était suicidé après s'être crevé les yeux !

— Ne me dites pas que……

— Hélas si ! …..Ce tableau a un réel pouvoir maléfique, la preuve en est que tous ceux qui s'en approchent et tentent de percer son mystère, se crèvent les yeux et se suicident.

— Mais pas vous !

— Certes, ma foi me l'interdit !

— Et ce tableau, qu'est-il devenu ? Et pourquoi vous êtes- vous crevé les yeux ?

— Ce tableau, capitaine, c'est l'expression de la souffrance ultime. Ce n'est qu'à force d'une acuité aiguisée par de nombreuses heures d'observation que vous les voyez. Dissimulée avec le plus grand art, l'image dans l'image, vous voyez et comprenez ces gestes désespérés.

— Vous voyez quoi ?

— Les Enfers ! »

Barraba semblait être sur une autre planète. Il s'épongea le front, non pas à cause de la chaleur mais de l'angoisse qui le tenait devant de telles révélations.

Mais surtout cette histoire – il la connaissait !

« Et ce tableau, qu'est-il devenu ?

— Brûlé, là, dans la cheminée !

— Et vous pensez que ce n'est pas l'antiquaire qui vous a fait parvenir ce tableau ! Ce serait…..

— *LUI* bien sûr ! Pour me punir. Mettre un terme à mes fonctions.

— Et aujourd'hui, quel est votre sentiment ?

— *IL* est revenu ! Depuis un certain nombre d'années, *IL* nous avait laissé tranquille, mais ces derniers mois, c'est indéniable, *IL* agit.

— Ne me dites pas, depuis le 28 juin ?

— Depuis cette date très exactement ! *IL* est là, *IL* rôde, *IL* accomplit sa mission ! *IL* est revenu pour ça ……remplir son contrat ! »

Barraba devenait septique ! Cette histoire de tableau, ce contrat, à quel mystère était-il confronté ? Pourtant les agressions de Gatseau étaient bien réelles. Il fallait faire encore parler ce vieux moine. Déjà dans sa tête il situait les protagonistes, mais de façon tout à fait irrationnelle ! Les propos de Mlle Chartel et de père Louis, le mettaient mal à l'aise. Même avec la meilleure volonté du monde, comment expliquer ça au colonel Ducros !

« Mais pourquoi vous aurait-il infligé cette punition ?

— Le résultat d'un combat ! Le combat éternel entre deux forces, celles du bien et du mal ! Sur le terrain, j'étais très présent, très actif, trop actif à son goût ! Il fallait un perdant. ....J'ai perdu ! De plus toutes ces histoires sont arrivées à l'évêché et l'on m'a écarté sous le fallacieux prétexte de protéger ma vie ! Depuis je vis ici en ermite, loin de tout. Mes anciens paroissiens par charité et reconnaissance, subviennent à mes besoins et c'est Maria, la voisine qui me prépare la soupe et s'occupe du quotidien. Voilà toute mon histoire ! Celle d'un vieil exorciste fatigué.

— Si j'en crois votre discours, il planait sur cette île un climat de superstition dont vous avez fait les frais. Il semblerait que deux forces mystiques s'unissent pour mettre un point final à quelque chose que j'ignore, mais qui est en relation directe avec mon enquête ? Je me trompe ?

— Excellente analyse capitaine, mais si Mlle Chartel vous a guidé vers moi, c'était volontairement pour que je vous ouvre une fenêtre sur un monde que vous ignorez, mais dont vous êtes bien malgré vous assujetti. Vous ne pourrez continuer cette enquête que si......

— Que si ?

— Vous acceptez l'inacceptable, une autre vérité, que vous vous laissiez imprégner par un ésotérisme incompréhensible par des gens non initiés. Que vous vous laissiez emporter par des doctrines secrètes difficilement interprétables. Ce sera pour vous un long chemin d'acceptation. Cela vous rapprochera de la compréhension de ces phénomènes et donc de la solution. En résumé je vous ai montré comment vous positionner par rapport aux clés.

— Faudra-t-il que je fasse le deuil de mes convictions ?

— Indispensable ! Mais retournez voir Mlle Chartel, elle va vous apporter quelques éléments beaucoup plus concrets. La philosophie ésotérique n'est qu'un chemin spirituel, une clé, mais il vous reste à trouver les bonnes serrures. Laissez moi vos coordonnées et prenez celles de Maria, je crois que nous sommes appelés à nous revoir !

5/3 Ils se saluèrent et Barraba rejoignit sa voiture. En s'asseyant il constata que sa chemise était toute trempée ! Assis sur le siège de la 4L, il resta là un bon moment à « digérer » cette conversation. Il était dans l'angoisse, une forme de trouille, car il évoluait dans un monde irréel pour lui. Où cela allait-il le mener ? Barraba venait de vivre des choses qu'il se garderait bien de dévoiler. Cette histoire de tableau, qui rend fou, et cette manifestation diabolique dans la pièce ! Et puis les paroles du père Louis qu'il fallait analyser tant elles étaient empreintes de sous-entendus ! Pourtant il fallait qu'il passe par cette étape, une remise en question pour pouvoir avancer. Il en était convaincu !

Puis cette histoire de tableau maléfique ! Il en avait eu connaissance, mais n'arrivait pas à se souvenir où et comment ! Cela avait-il un réel intérêt dans cette histoire ? Pourtant cela lui tenait à cœur. Il l'avait déjà vécu !

Barraba n'était pas dans un état normal quand il redémarra. Un peu déboussolé par tout ce qu'il venait de vivre. Il embraya la première, et quand il s'élança sur la route, les cormorans s'envolèrent le suivant à quelques mètres au dessus de la voiture. « Des anges noirs de la mort » pensa-t-il !

« Faut que j'arrête de me faire du cinéma ! » dit-il tout haut.

5/4   A son retour il fila tout de suite à son appartement, sans passer par son bureau. Cette histoire de tableau lui tenait à cœur plus qu'il n'aurait voulu. Il fonça comme un fou dans sa bibliothèque, fit tomber un à un chaque livre, jusqu'à celui qu'il cherchait.

Il le tenait dans ses mains, il en était sûr, c'était dans ce livre qu'il avait lu cette histoire. Il s'agissait d'un livre fait de plusieurs histoires maléfiques, écrit par plusieurs auteurs, spécialistes du genre. Il retrouva très vite l'auteur – David Morell. – *Orange pour l'angoisse, bleu pour la folie.**
(13 histoires diaboliques, éditions Albin Michel)

Il le relut à toute vitesse, il était en plein dedans ! C'était incroyable ! Comment un écrivain Canadien avait-il pu inventer une histoire qui correspondrait à la réalité à des milliers de kilomètres de là ? Car cette histoire était vraisemblable.

Père Louis n'aurait pu l'inventer et ses yeux crevés, une preuve irréfutable ! Tout était fait, semblait-il pour amener Barraba à accepter l'inacceptable. Comme si « ils » tissaient une toile pour l'amener à leurs vues !

Il prit une douche, se changea et redescendit au bureau. Daumier le trouva encore plus taciturne que d'ordinaire. Après quelques paroles sur les affaires courantes, il s'enferma dans son bureau jusqu'à la tombée de la nuit.

5/5 Le lendemain matin, 9h10 précise.

   « Allô, Mlle Chartel, ici le capitaine Barraba. Je souhaite vous rencontrer dans les meilleurs délais.

   — Vous avez donc vu le père Louis ! Ecoutez, venez en début d'après-midi, car l'histoire sera longue ! »

5/6 14 heures sonnaient à l'église quand Barraba sonna à la porte. Quand il entra dans la petite maison, il y retrouva cette même ambiance feutrée, mais….Mlle Chartel ….avait changé ? Ses yeux d'un bleu pastel étaient devenus gris sombre, et sur son front, un large pli semblait être le signe d'une grande inquiétude ! Après s'être installés et avoir partagés le rite du thé, sans attendre les questions du capitaine, elle raconta !

   « Nous y voilà …enfin ! Ecoutez bien inspecteur, cette terrible aventure.

   Elle démarre il y a bien longtemps, en 1942 exactement, sous l'Occupation allemande. Sur le port de St Trojan, en dehors des ostréiculteurs, il y avait aussi des marins pêcheurs. Achille Verdoux était l'un d'eux. Il était veuf, sa pauvre femme ayant succombé à la tuberculose quelques années auparavant, le laissant seul avec une fille. Monique, une belle jeune fille qui avait à cette époque dans les 18 ans, une adolescente blonde comme les blés. Ils étaient très pauvres, et le père Verdoux par chagrin et par ennui passait plus de temps au bar que sur son bateau. Ses maigres revenus passaient d'un côté du comptoir à l'autre. Pour subvenir aux besoins, Monique travaillait dans ce bar. Un bar à marins, comme on disait à l'époque. Plus d'une fois, elle dut ramener son père dans leur misérable cabane derrière le port. Malheureusement, comme si leur malheur ne suffisait pas, comme si le sort s'acharnait sur eux, un soir, un terrible soir, elle fut violentée par un soldat allemand !

— Il fut arrêté ?

— Mieux, il fut envoyé immédiatement sur le front russe ! Les généraux allemands étaient intransigeants avec la discipline et malgré l'occupation, le colonel exigeait le plus grand respect vis-à-vis de la population. Mais le mal était fait ! Et comme un malheur ne vient jamais seul, elle tomba enceinte !

— Le petit Maxime !

— Exact ! Un gamin très beau, blond, comme hélas son géniteur ! Ce qui n'arrangeait rien et laissait place à toutes les allusions et quolibets. En 45 pour rajouter à son malheur, elle eut droit à l'humiliation faite aux femmes qui avaient fricoté avec les boches !

— Mais elle n'y était pour rien ! C'était plutôt une victime !

— Mais à la libération, tout le monde était fou ! Elle a eu droit aux cheveux rasés, et la poitrine à nu, et dut défiler dans les rues sous la vindicte populaire et recevoir insultes et crachats.

— Personne pour la défendre ?

— Fou, vous disais-je ! Les femmes étaient les plus virulentes, arguant qu'elle avait été consentante, qu'elle avait couché avec les boches !

— Surtout qu'elle travaillait dans un bar, ce qui devait déplaire à ces bonnes dames !

— Oui, la bonne société, à la moralité irréprochable ! Mais après ce douloureux épisode, son calvaire ne s'arrêta pas là ! Un soir son père tombe à l'eau en sortant du bar et se noie. On ne saura jamais s'il s'était suicidé de honte, ou tombé par accident des suites d'une beuverie ? De tout ça, cette pauvre fille restera marquée à jamais.

Elle était brisée, seule la présence de son fils la tenait debout, lui donnait la force de continuer à vivre. Le handicap de son fils, ne lui facilitait pas la vie non plus ! Les gens bien pensants soulignaient que c'était un signe du destin, qu'il payait la faute de sa mère, que c'était la justice divine, tout en se signant. Surtout que Dieu n'a rien à voir là-dedans !

— Pourquoi cette affirmation ?

— C'est tout simplement dû au fait que cette fille, Monique, avait une anomalie oculaire ! Elle était vairon !

— Vairon ?

— On dit cela d'une personne qui a les deux yeux d'une couleur différente ! Ces femmes mettent généralement au monde des enfants sourds-muets ! Rien d'irrationnel ni de mystique dans tout ça ! C'est médical ! Mais allez donc expliquer ça aux incultes de St Trojan ! »

Barraba sentit dans la forme et dans le ton que Mlle Chartel était en colère ! Il la laissa « vider son sac », exprimer ce sentiment contenu depuis si longtemps. Il sentait bien qu'il approchait du but, que le puzzle prenait forme, même si, il était loin de s'imaginer l'image finale qu'il devait révéler. Quels étaient les liens qui unissaient cette affaire de 1942 à celles de 1995 ? D'autre part, il était un peu vexé de faire partie des incultes, ne sachant pas auparavant, la signification du mot vairon ! Mlle Chartel se versa du thé, but une gorgée et reprit.

« A mon arrivée, apprenant le dénuement de cette femme, j'ai œuvré pour qu'elle obtienne une place à l'école ! J'ai obtenu satisfaction et j'en suis fière ! Elle s'occupait du ménage et de la cantine !

— Vu son passé, ça n'a pas dû être facile ?

— J'ai même fait grève mon garçon ! A l'époque, ça a fait scandale, mais je dois avouer que je jouais sur du velours ! Ils n'avaient pas d'autre institutrice sous la main !

— Du chantage ! Vous ! Mlle Chartel ?

— Des fois, faut savoir prendre des risques, tous les coups sont permis !

— Et puis il y a eu la disparition du petit Maxime ?

— Ce fut un coup terrible pour cette femme ! Ça l'a achevée, si je puis dire. Le ressort était cassé, je l'ai aidée, soutenue, jusqu'à ce jour fatal !

— Quel jour fatal ?

— C'était en 56 !.....En juin 56 exactement ! Elle était arrivée au bout de son chemin de croix ! Elle s'est jetée dans le port, là même où son père s'y était jeté ! Elle est partie, sans revoir son fils ! Elle n'a même pas pu faire son deuil ! Même pas enterré, il est là, dans la nature, elle l'attend !

— Cette histoire est terrible !

— Tout le village était bouleversé ! Vous savez, presque tous les gens sont croyants sur cette île, et malgré le souvenir encore présent de la guerre, ils ont tous été touchés par son malheur et compris ce geste car son fils n'avait pas été enterré dignement comme le veut la religion. Et c'est pour ça, que vous êtes là aujourd'hui devant moi !

— Je suis là pourquoi ?

— Vous êtes un inspecteur, intègre et vous seul pourrez enfin donner une sépulture descente à Maxime ! Répondre à son attente depuis ce jour de 56 !

— Mais cela m'éloigne de mon enquête ?

— Pas du tout ! Vous allez trouver ce qui fait, que la disparition de Maxime est parfaitement liée aux évènements de Gatseau. Mais seul un athée et inspecteur de surcroît, peut mener à bien cette mission ! C'est pourquoi vous avez été choisi !

— Moi choisi ?

— Vous êtes la troisième clé, inspecteur !

— La troisième clé ? Que voulez-vous dire ?

— Toutes les conditions sont réunies cet été pour que chaque partie mène à bien sa mission. Nous sommes confiants, mais le chemin est long. »

5/7 Barbara sortit après avoir pris congé. Il était assez bouleversé par ce qu'il venait d'apprendre. D'abord les circonstances de la disparition du jeune Maxime qui n'avait jamais été résolue, et le suicide effroyable de sa mère. De plus la conjonction de deux forces mystiques et lui au milieu en cela conforté par les propos de ses deux interlocuteurs, le laissait encore sceptique.

« La troisième clé ! » se dit-il en esquissant une grimace. En tout cas il savait où aller maintenant pour poursuivre son enquête. Il retourna au poste, rentra chez lui, consigna tous les propos, et essaya de trouver de quoi justifier son action à venir, vis-à-vis de sa hiérarchie.

Il faxa au colonel quelques bribes d'information afin de le rassurer, mais sans s'étendre sur les détails. Des détails qu'il serait bien en peine de commenter et de justifier.

5/8 Il se rendit seul au port de St Trojan. Vers 11h 00 il se gara sur la jetée où se trouvaient les cabanes de pêcheurs et leurs bars. A cette heure, les bateaux étaient rentrés et avaient déchargé leur cargaison. Il savait qu'il allait les rencontrer, mais sur leur territoire, et ce n'était pas gagné ! Il espérait que parmi eux, au moins un, aurait connu le vieil Achille, et peut-être même sa fille Monique. Il entra dans le bar. Son intuition ne l'avait pas trompé. Dès son entrée il ressentit un sentiment d'hostilité de la part des marins attablés devant leur chope de bière. Les hommes en bleu de travail et ciré se retournèrent à son approche. C'étaient des hommes forts, le visage buriné par l'eau de mer et le soleil, les yeux plissés, comme deux fentes pour mieux s'opposer aux reflets scintillants du soleil sur les vagues. Pour mieux cacher leurs sentiments. En tout cas leur conversation s'arrêta net, et ils plongèrent le nez dans leurs verres. Un gendarme en tenue dans le bar, c'était du jamais vu. Et ils n'aimaient pas ça ! C'était de mauvais augure, des ennuis en perspective.

« Bonjour messieurs ! »

Il leur sera la main, leur demanda si la pêche avait été bonne, si le temps allait se maintenir au beau ? Il fallait nouer le dialogue, créer un climat de confiance. Ces hommes étaient des taiseux de naissance, sauf en ce qui concernait leur travail.

Il leur offrit une tournée ce qui améliora d'un coup les relations. Il évita soigneusement de parler des évènements de Gatseau, car tout le monde l'attendait sur ce terrain. Il les prit à contre-pied en leur demandant où était l'ancienne maison d'Achille Verdoux. Silence total.......

Les marins rentrèrent dans un mutisme tel qu'on aurait pu entendre une mouche voler ! Barraba savait qu'il n'en tirerait rien ! Ce qui confirma les propos de Mlle Chartel et du père Louis ! Il y avait sur ce pays, comme une chape de plomb dès qu'on abordait certains sujets. Il quitta ce bar pour se rendre dans un autre un peu plus loin. Même scénario !

Il allait repartir quand, dissimulé derrière des poches d'huîtres posées en vrac le long d'un entrepôt, un homme très âgé lui fit signe de venir. Il l'avait vu dans le premier bar, mais la proximité de ses collègues, l'avait empêché de se manifester. Il avait dû trouver une excuse pour sortir et l'avait attendu caché dans ce renfoncement.

Discrètement Barraba vint vers lui.

« Capitaine, je n'ai pas pu vous parler tout à l'heure devant les autres, c'est un sujet tabou ici. Surtout en ce qui concerne la famille Verdoux. Mais je veux bien vous indiquer la cabane où vivaient les Verdoux. On était de la même classe, et nous avons travaillé longtemps sur le même chalutier. C'était un ami d'enfance, un véritable ami. Quand je pense encore à tous leurs malheurs, ça me fait mal encore ! »

Se retournant vers les marais, il lui indiqua cette fameuse baraque.

« Tenez, c'est là ! Vous prenez ce petit chemin qui longe les baraquements et vous y êtes. C'est celle-là, là-bas.......en noir ! Adieu ! »

Avant même que Barraba puisse lui poser quelques questions, il était déjà parti. Le capitaine avait eu le temps de l'observer et son apparence lui fit penser à ces vieux marins au visage desséché par le soleil, ridé par les intempéries. Il avait comme beaucoup d'autres une casquette bleue, enfin ce qui semblait être du bleu car la crasse rendait la couleur indéfinissable. Elle était tellement froissée que Barraba eut le sentiment qu'elle était vissée sur sa tête éternellement et qu'il devait même coucher avec. A cette pensée il esquissa un sourire. L'homme était déjà loin quand il entreprit de prendre le chemin. Mais la marche se trouva plus délicate que prévue. En effet il était très étroit, en pente vers l'eau stagnante du marais. Il imagina même de faire marche arrière, mais sa curiosité prit le dessus. Il avait en ligne de mire cette cabane, pas très loin certes mais difficile d'accès. Il imaginait avec horreur glisser et se retrouver à plat ventre dans ces étiers dans une eau croupissante, verdâtre. Lui qui était toujours tiré à 4 épingles il se voyait mal rentrer à la brigade ruisselant d'une eau vaseuve et nauséabonde. Enfin après mille précautions il y arriva. Il eut un pincement au cœur en voyant maintenant de près la cabane. Vu l'état de délabrement il concevait mal comment une famille avait pu vivre en ce lieu. Cela ressemblait plus à un atelier, une réserve à outils, qu'à une maison. Cette bicoque était constituée de planches clouées sur des chevrons et protégées par une toile goudronnée pour empêcher leur pourrissement. Des volets emportés par le vent ne restaient que les gonds, et les vitres cassées, remplacées par des toiles d'araignées. Sur ce noir ambiant seules quelques mousses apportaient une note colorée de vert. La porte battait à chaque coup de vent dans un grincement sinistre. A voir cet ensemble, Barraba se demanda comment ça pouvait encore tenir debout ? Il n'imaginait pas que la réponse à cette interrogation tenait au fait « *qu'il avait été choisi* » et que depuis 39 ans, elle était « *là à l'attendre* », passage obligé pour dérouler le fil conducteur. Il n'allait pas tarder justement à tirer un bout de l'écheveau !

Il entra avec précaution dans l'unique pièce. Soulageant la porte de peur qu'elle ne tombe à terre. Un sigle gravé dessus avec un couteau représentait une croix gammée ! Ce qui le ramena aux paroles de Mlle Chartel. Un triste épisode où la haine et la méchanceté avaient amené à ce qu'il savait. Il faisait beau et par la fenêtre le soleil apportait un éclairage diffus à l'intérieur de la pièce. Une odeur pestilentielle lui arriva en plein visage. Une odeur de moisi et de poisson crevé. Insoutenable. Il sortit un instant pour reprendre de l'air et rentra avec un mouchoir sur le nez. Un théâtre de désolation. Tout était pourri par l'humidité ou brisé par quelques voyous. Quelques éléments de vaisselle brisée jonchaient le sol. Au fond un vieux poêle à bois avait été renversé et les tuyaux étaient répandus épars. Sur ce qui restait du lit, le tissu déchiré d'une vieille paillasse laissait passer les quelques brins de paille formant la garniture d'origine. Peut-être le repaire d'une nichée de rats ? Que pouvait-il espérer trouver ici qui puisse l'aider dans sa quête ? A première vue, rien d'exploitable malgré un tour d'horizon de l'ensemble, qui d'ailleurs se résumait à peu de chose. Mais il avait le sentiment que ses pas ne l'avaient pas amené ici pour rien. Peut-être un début de piste ? Heureusement son caractère opiniâtre l'obligeait à ne jamais abandonner une piste. Il alluma sa lampe de poche pour mieux scruter chaque centimètre carré du local. Ecartant du pied divers détritus, il espérait tomber sur un indice. Hélas, rien ! Rien de tangible ! Cela faisait une heure qu'il tournait et virait et rien ne semblait répondre à son attente. Il décida de partir. Du temps perdu, mais cela faisait partie du job. Il recula vers la porte en observant pour la énième fois chaque partie du local. Un truc qui lui aurait échappé? Il allait refermer la porte avec soin, quand son œil fut attiré par un effet lumineux étonnant qui n'était pas évident quand il était entré. En effet il était juste 12 heures et le soleil était au zénith. Juste au dessus de la maison un rai lumineux traversait le toit dans le trou laissé par le tuyau de cheminée disparu depuis des lustres. Et cette lumière éclairait un emplacement très précis ! L'endroit même où était placé le poêle ! Barraba eut un choc. Il y vit là comme un signe. Même si ses croyances l'empêchaient d'y adhérer il lâcha la porte et se précipita à l'endroit indiqué. Au sol après avoir écarté avec une planche les cendres il constata que le sol sous le poêle était couvert de dalles en ciment pour des questions évidentes de stabilité et de sécurité. Il balaya le sol avec sa lampe. Rien ! Mais il la fit tomber et le son provoqué par cette chute lui parut bizarre. Il tapota chaque dalle et manifestement celle là sonnait le creux. Son cœur s'emballa ! Là sous cette dalle il aurait la réponse, ou tout au moins une réponse. Avec son couteau il détermina les joints et les fit sauter. Mais il ne put la soulever, son couteau n'étant pas assez résistant. Il fouina et trouva une tige de fer plat qui était assez épaisse pour faire bras de levier. Après plusieurs essais où la barre ripa, il trouva enfin une prise et la dalle se souleva doucement. Avant que celle-ci ne retombe Barraba y logea son couteau. Il reprit son souffle et s'essuya le front trempé de sueur. Il était très excité car rien ne justifiait que cette dalle sonne le creux. Il y avait forcément un vide, et dans ce vide sûrement un élément très important pour qu'on l'y cache.

Avec quelques précautions il souleva la dalle qui était quand même assez lourde. Il la fit basculer sur le côté. En effet une cache y était aménagée! Un trou rectangulaire d'un format A4 plongeait dans le sol. Barraba à l'aide de sa lampe éclaira le fond et vit un paquet assez plat, couvert de papier goudronné.

Le saisissant Barraba constata qu'il était assez rigide et en bon état. Il le manipula comme s'il avait trouvé un trésor. Ce n'était pas une pièce à conviction mais tout comme ! Il sortit de la pièce pour mieux le voir au grand jour. Que pouvait contenir ce paquet mystérieux ? Une ficelle de chanvre l'entourait. Barraba voulut la défaire mais celle-ci pourrie par le temps se désagrégea. Il pensa qu'il faudrait le faire parvenir au labo, mais son impatience était telle qu'il essaya de l'ouvrir. Avec délicatesse, il commença à déplier le carton d'emballage, mais celui-ci était devenu cassant avec le temps. Il décida donc de stopper son investigation et ramena à la 4L son précieux colis.

Il s'installa au volant pour revenir au poste de gendarmerie, mais au passage il s'arrêta chez un quincaillier pour acheter deux feuilles de plastique et du film d'emballage alimentaire. Il plaça les deux feuilles de part et d'autre du paquet et entoura étroitement le tout avec le film étirable. A son sens le paquet était maintenant parfaitement protégé.

En rentrant au poste de gendarmerie, il se dit que, à part les discours prophétiques de Mlle Chartel et père Louis, il tenait enfin quelque chose de concret. Et cette avancée le faisait entrer dans une phase d'excitabilité.

5/9 Arrivé au bureau il rangea l'objet au coffre. Il ne pouvait communiquer avec quiconque de sa trouvaille. Il n'avait alors que des intuitions. Et ce n'est que quand le contenu du paquet sera mis au jour qu'il pourra en parler. Il était hors de question de procéder lui-même à cette opération, mais il avait une petite idée.

Il connaissait quelqu'un qui pouvait le faire en toute sécurité. Il appela Maryse Vallet.

« Allô, Maryse, c'est Michel à l'appareil. Michel Barraba !

— Ah, Michel, quelle surprise ! Il y a tellement longtemps ! Que deviens-tu ?

— Je suis en poste sur l'île d'Oléron. Je t'appelle car j'ai un grand service à te demander. J'ai récupéré un document qui doit avoir une quarantaine d'années il est cartonné et goudronné. Il faudrait l'ouvrir avec précaution et récupérer ce qu'il y a à l'intérieur. Moi je ne peux pas le faire, mais toi je sais que tu as tout ce qu'il faut pour ça. Tu t'imagines bien que c'est de la plus grande importance pour moi. Aussi si tu es d'accord je te le fais parvenir par un taxi. Comme ça je suis sûr qu'il ne sera pas égaré. Je te joindrai mes coordonnées pour me donner ton avis. Barraba après quelques banalités d'usage raccrocha. Il resta là un moment songeur. Il repensait à l'époque où il avait connu Maryse. Comme lui, elle était une enfant de la DASS. Ils avaient fréquenté les mêmes cours pendant leur scolarité jusqu'au bac. Puis ils prirent des chemins différents. Il se rappelait que c'était une fille très intelligente et très bosseuse et qui excellait dans bien des domaines. Elle avait choisi une carrière scientifique où elle faisait l'admiration de tous ses professeurs. Concours après concours elle gravit tous les échelons et devint responsable de la restauration des oeuvres d'art au Louvre. Malgré des voies différentes, ils avaient gardé le contact et s'appelaient de temps en temps. Si une personne pouvait restaurer le paquet sans dommage c'était bien elle. Il restait maintenant à le mettre dans une caisse en bois appropriée et trouver un taxi.

« Daumier ! »

5/10 Une semaine passa. Barraba tournait en rond dans son bureau. Il notait bien dans un dossier spécial tous les éléments collectés dont les derniers si étranges. Sur son tableau accroché au mur, il notait le nom de toutes les personnes concernées par ces histoires. En dehors des témoins il cherchait le lien entre les personnes qui avaient été touchées par ces agressions. Le seul élément commun à tous, la plage de Gatseau. Pourquoi ? Le stress montait en lui. Pas la moindre piste. Ce qu'il redoutait c'était un appel du colonel. Quelle explication lui donner et surtout, pas de résultat ! A ce moment de ses réflexions sa ligne directe sonna !

Son angoisse amplifia, il craignit le pire !

« Allô, Michel ?

— Ah ! C'est toi ! J'attendais ton coup de fil avec impatience. Alors ?

— Rassures toi, tout va bien. Ça n'a pas présenté de difficulté particulière, en tout cas moins que pour un sarcophage. La carapace en carton n'a pas résisté très longtemps à mon coup de bistouri. A première vue les documents à l'intérieur sont très exploitables. C'est même assez extraordinaire vu les conditions de stockage, l'humidité et le sel marin. On peut dire que tu as eu la chance.

— Et qu'as tu trouvé ?

— Ecoute...... heu......j'ai lu le cahier d'écolier qui était à l'intérieur. C'est très étrange ! Très déstabilisant ! Pourtant ici j'en vois passer des manuscrits retraçant les malédictions des pharaons. Mais

118

là on est au 20ᵉᵐᵉ siècle ! A mon avis tu es entré dans une affaire qui pourrait mal tourner. Je te renvoie le tout dans les mêmes conditions.

— Mais tu ne peux pas me dire ?

— Je ne veux pas en parler Michel. Mais fais gaffe à toi ! »

Elle raccrocha. Barraba resta un moment abasourdi par cette conversation, son téléphone encore à bout de bras. Secoué par ce qu'il venait d'entendre de la part d'une fille qu'il connaissait comme étant peu impressionnable.

5/11 Il était maintenant au comble de l'excitation. Il attendit avec impatience le retour du colis qui arriva le lendemain à 11heures20.

Le taxi se garait juste devant le poste de gendarmerie que Barraba se présentait à lui. Il paya de sa poche et emporta comme une relique la fameuse caisse en bois.

Une fois posée sur le bureau, il prit un gros tournevis et une pince pour faire sauter le couvercle. Au moment de soulever le couvercle, il était pris entre deux sentiments. Une forte excitation à découvrir très rapidement le contenu du cahier et de l'angoisse justement sur ce contenu. Il le sentait bien, c'était un moment décisif, une étape. La première étape !
Il fallait pourtant passer outre, oublier ces considérations. Il l'ouvrit.

A l'intérieur sur un lit de pastilles en polystyrène, se tenait le fameux cahier. Il le prit avec d'infinies précautions, le soulevant par dessous, de peur qu'il ne tombe et se détériore. Il le déposa délicatement sur son bureau, apporta une lampe au dessus, et s'installa devant.

C'était un cahier d'écolier ordinaire comme on faisait à l'époque. La couleur verte de la couverture était un peu passée, mais le papier semblait avoir encore une bonne texture. Il souleva cette première feuille.

La première page quadrillée de grands carreaux, avait jauni par le temps, et le texte qui s'y trouvait, avait été fait à l'encre bleue.

Même si l'encre était maintenant bleu pâle, on pouvait parfaitement le lire. La personne s'était appliquée à faire une écriture fine et inclinée, les lettres dessinées en pleins et en déliés comme à la plume sergent-major.

En haut de cette page, le capitaine put lire :

MONIQUE VERDOUX —MAXIME VERDOUX.

Plus bas était écrit.

Moi Monique Verdoux, ceci est mon testament. Celui qui lira ces lignes comprendra alors toute l'histoire. Mon histoire.

Plus bas était épinglée une mèche de cheveux blonds, sous laquelle était noté.

Cheveux de Maxime. C'est tout ce qui me reste de lui.

Avant de tourner la page suivante Barraba, se remémorant les paroles de Mlle Chartel, ressentit déjà toute la détresse de cette femme en ces quelques lignes.

Il commença la lecture avec concentration.

Moi, Monique Verdoux, c'est en toute conscience que j'écris ces lignes. Nous sommes le 6 juin 1956, sur la commune de St Trojan.
Quand j'aurai fini d'écrire l'histoire de ma vie, j'irai me jeter dans le port. Dans cette saloperie d'océan qui a pris mon père, mon fils.
Mais tout commence avant la guerre.......

Barraba passa une bonne heure à lire et relire le texte. Quand il eut bien tout analysé et noté les points importants, il déposa le cahier dans le coffre, se rassit et médita quelques instants. Cette fonction de « *troisième clé* » qu'on lui avait attribuée, prenait forme dans sa tête. Les éléments contenus dans le testament de Monique Verdoux lui permirent d'envisager l'avenir sous un nouvel angle. La première serrure ouverte Barraba pouvait développer une stratégie et avancer dans son enquête. Il n'avait pas encore toutes les réponses et le chemin serait long avant d'ouvrir d'autres serrures. Il le savait ! Il retrouvait là les stratégies de la police. On ouvre toutes les portes des possibilités et en fonction de ce qu'on découvre on ferme ou pas ! Il avait dans l'immédiat un appel à donner et puis il irait au cimetière.

« Allô, Cast !

— Capitaine ? Ça…Alors ? Du nouveau ?

— Non! Rien de bien sensationnel, du moins comme vous l'entendez. Non....mais, jaurai besoin de vos services . Je pense que vous pouvez retrouver dans les archives de votre journal ou dans d'autres, des articles relatant la disparition d'un jeune enfant de 10 ans, environ, vers la plage de Gatseau.

— A quel moment ces faits ?

— Fin septembre 1952 !

— Hein?....1952! Mais c'est dingue, c'est vachement loin! Je suis pas sûr de trouver quelque chose. Mais je vais faire mon possible. Ah, au fait, comment s'appelle le gosse?

— Maxime Verdoux. Je pense que cette recherche va vous titiller un certain temps. Bien sûr notre contrat court toujours. Vous aurez la primeur dans la mesure du possible, de certaines informations.

— C'est ça ! Dans la mesure du possible !

— C'est quand même plus captivant que les chats écrasés, non ?

— Surtout que de ce côté-là c'est plutôt calme plat. OK ? Je me mets là dessus.

A bientôt !

Après avoir raccroché, il enfila sa veste et sortit. Au passage il prévint Daumier de son absence.

5/12 Il prit la 4L et se rendit dans le petit cimetière de St Trojan. Arrivé, il se dirigea vers la partie la plus ancienne, celle dont les tombes sont couchées, ou les ceinturages en fer sont tombés faute d'entretien. Les croix en ciment sont bien souvent fendues ou cassées. Sur certaines il ne reste plus qu'un dôme de terre envahi par les herbes folles et non attribuées. Après avoir observé chaque tombe son attention fut attirée par un monticule qui lui était entretenu et sur lequel une plaque de marbre avait été déposée. Son intuition ne l'avait pas trompé ! Il avait trouvé ce qu'il cherchait. Une simple croix de bois peinte en noir de goudron signalait cette tombe. Mais le plus bizarre était l'inscription sur la plaque. En effet si le nom était bien celui de Monique Verdoux, les dates présentaient une anomalie.

Monique Verdoux
Née le 01/04/1924
Décédée le 06/06/1956

Ce qui frappa Barraba c'était que seuls les 6 étaient gravés en lettre d'or ! Ceci représenterait une énigme pour le simple quidam, mais pas pour Barraba. Cette découverte ne fit que l'angoisser davantage, il savait maintenant ce que cela signifiait. Un jour il faudra que -*toutes les lettres* - soient gravées en lettres d'or.

Plus il avançait plus il se trouvait coincé vis-à-vis de sa hiérarchie. Comment expliquer cela au colonel ! Bien qu'il ait en main un témoignage accablant il savait que ça ne passerait pas. Il lui fallait d'autres indices, d'autres preuves !

5/13 Cela arriva quelques jours plus tard.

« Allô, capitaine, on peut se voir ? Je crois que j'ai quelque chose qui devrait vous intéresser.

— Je vous attends. »

Les choses allaient se précipiter ! Il sentait bien qu'il était sur la bonne voie. Que ces journaux de l'époque, allaient définitivement mettre un terme à son enquête.

Cast arriva en fin d'après-midi avec une pile de photocopies. Il les déposa sur le bureau, s'installa sur le fauteuil, le sourire en coin, l'œil pétillant semblant sûr de son fait. Il attendait des remerciements mais le visage du capitaine restait fermé. Ce dernier savait comment manipuler le jeune Cast. Et c'est du bout des lèvres qu'il lui adressa un remerciement. Il fallait surtout que cette démarche soit la bonne pioche, car un jour prochain un certain colonel Ducros ne manquerait pas de lui demander des comptes.

Il lut un à un tous les articles qu'avait collationnés Cast. Plusieurs articles mentionnaient la disparition mystérieuse du gamin. Cela fit la Une des journaux locaux, puis comme on ne retrouva pas le corps, on ne s'y intéressa plus. Cependant sur un article, un reporter avait interrogé des gamins qui se trouvaient être présents à Gatseau ce jour là, pour voir la tempête.

Cet article venait justement du journal local La Gazette. Le journal de Cast. Une photo complétait l'article. On y voyait les quatre adolescents qui avaient été interrogés et qui affirmaient ne pas avoir vu Maxime ce jour là.

« Qui a fait cette photo ? Vous connaissez le journaliste ?

— Bien sûr ! C'est mon rédacteur en chef !

— Vous pouvez me donner ses coordonnées je voudrais l'appeler en urgence. »

Après avoir noté les renseignements, il remercia Cast, et l'assura d'être informé des avancées de l'enquête le moment voulu. Ce dernier sortit un peu dépité espérant recueillir un scoop de cette entrevue.

« Allô, Vous êtes le rédacteur en chef de La Gazette ?

— En effet !

— Voilà je suis le capitaine Barraba de la brigade de gendarmerie de St Trojan. Comme vous devez le savoir j'enquête sur les incidents de cet été.

— En effet, Cast notre journaliste m'en a parlé assez régulièrement. Il vient d'ailleurs de fouiner dans nos archives.

— C'est justement à ce sujet que je fais appel à vous, à votre mémoire. Dans une édition de septembre 1952 vous avez fait un reportage sur la disparition du jeune Maxime Verdoux et pris une photo de 4 jeunes gens présents au moment des faits. Savez-vous qui étaient ces jeunes gens ?

— Evidemment ! C'était un de mes premiers reportages pour la Gazette. Tiens un peu comme le jeune Cast, je démarrais dans le métier. Bien sûr que je me rappelle.

— Vous avez leur nom ?

— Des noms comme ceux là on ne peut pas les oublier !

— Ah bon ? Pourquoi ?

— Ils s'agissait, de mémoire de………….. !

— C'est parfait ! J'ai tout noté et je vous remercie. Je vous demande la plus grande discrétion sur notre conversation, et surtout n'en parlez pas à Cast. Son heure viendra. Au revoir. »

Barraba jubilait. Cette conversation ouvrait une nouvelle porte. « *La troisième clé* » dans ses œuvres !

Il appela le colonel.

« Allô mon colonel, mes respects. Je viens vous entretenir des suites de mon enquête. Je pense pouvoir vous adresser un rapport définitif dans les jours qui viennent.

— Ah, bien ! Ce n'est pas trop tôt !

— Cette affaire est en effet plus complexe qu'on aurait pu l'imaginer au départ. Mais cela prend forme, il me reste quelques détails à vérifier et c'est pour cela que je vous appelle. J'aurai besoin de votre intervention.

— Mon intervention ?

— J'aurai besoin de consulter les archives de la gendarmerie situées à La Rochelle, pour retrouver les PV d'audition dans une affaire de 1952.

— De 52 ? Cela a-t-il une quelconque relation avec l'affaire qui nous préoccupe ?

— Absolument mon colonel. C'est indispensable.

— Parfait, j'en parle avec mon homologue à La Rochelle. J'attends de vos nouvelles. A bientôt. »

5/14 Le lendemain n'ayant pas eu d'ordre contradictoire, il demanda à Daumier de le véhiculer jusqu'à La Rochelle, aux archives départementales.

Arrivés sur place, ils se dirigèrent vers les locaux affectés aux archives. Le responsable prévenu, les y attendait. Le colonel avait fait du bon boulot. Il précisa au responsable les motifs de ses recherches, en précisant le lieu et la date de l'enquête. Le capitaine était assez confiant car à cette époque les disparitions d'enfants sur l'île devaient être extrêmement rares. En effet, l'archiviste avec tous les éléments fournis trouva très rapidement le dossier d'enquête. Un seul dossier était archivé sur cette période et dans ce lieu. Il mit à leur disposition un bureau pour pouvoir le consulter.

Le dossier était peu épais, juste quelques feuillets dactylographiés. Barraba les feuilleta posément tandis que Daumier attendait dans un coin. Cette mise en scène était voulue par Barraba, qui, en lui faisant lire le dossier après, permettrait ainsi de confronter leur point de vue. De plus Daumier avait été écarté des avancées de son capitaine. Certains prolongements qu'il avait jusqu'alors gardés pour lui. C'est donc avec un œil neuf que Daumier abordait l'enquête.

Au bout d'un moment ayant lu à son tour le rapport, il releva la tête, le front plissé comme quelqu'un qui se pose des questions sur ce qu'il vient de lire.

« Alors ? Qu'en pensez-vous ?

— Y a un problème ! Manifestement il s'est passé quelque chose pendant l'enquête. C'est creux ! Y a rien dedans ! On a l'impression qu'on a bâclé l'enquête. Il n'y a même pas les auditions des témoins. Aucun nom ?

— Tout à fait d'accord Daumier! On rentre. On va voir si on peut faire des photocopies.

— On a juste le nom de l'enquêteur de l'époque !

— On va demander à l'archiviste s'il le connaît. »

De retour dans le bureau il interroge l'archiviste sur le dénommé Gentil auteur du rapport.

« Ah, Gentil ? Il est mort. »

5/15 En repartant Barraba se sent obligé de faire part à Daumier, sans entrer dans certaines considérations comme ce qualificatif de « *troisième clé* » que lui ont attribué ses deux correspondants, de ses investigations et sa découverte dans la maison des Verdoux. Arrivés au bureau, Barraba était en train de classer les photocopies quand Daumier entra.

« Capitaine, une certaine Maria, veut vous parler.

— Allô, capitaine, ici c'est Maria, la voisine de père Louis. Ça va mal. Il faut venir tout de suite en urgence, il veut vous voir.

— J'arrive ! »

5/16 Barraba guida Daumier jusqu'au domicile du père Louis. En chemin il précisa à Daumier, le rôle de ses deux interlocuteurs. Comment grâce à eux, à leur implication dans cette affaire pour des questions d'éthique chrétienne, il avait suivi une piste malgré quelques réticences de sa part. Il s'avérait que cela avait payé. Il avait franchi avec succès étape par étape. On avait maintenant des noms. En fait Barraba préparait psychologiquement Daumier à sa rencontre avec le père Louis. Qui il était et où il vivait. En effet Daumier en voyant la masure eut un choc.

Barraba entra dans la cour. Melchior vint vers lui en balançant la queue. Il se laissa caresser et resta collé à la jambe du capitaine pour l'accompagner jusqu'à son maître. La pièce n'avait pas changé, il pouvait distinguer dans la pénombre, allongé sur le grabat, le corps de son interlocuteur.

« Alors père Louis, qu'y a-t-il ?

— C'est pour ce soir…..*IL* est là…….Pour une dernière rencontre, un dernier combat. C'est l'heure, l'échéance, je le sens, je le sais ! …..Enfin ! »

Barraba avait eu du mal à l'entendre tellement sa voix était faible. Son visage était plus marqué. Son corps s'était recroquevillé comme un fœtus. Il était au bout du chemin, de sa route, une délivrance sûrement. Mais le vieil homme avant de partir avait une mission à accomplir. Et Barraba était le seul homme qui pouvait l'amener là où il pourrait exercer son dernier exorcisme. Une cérémonie expiatoire en quelque sorte.

« Mais de quoi parlez-vous ?

— Ce soir….. Ce sera notre dernier affrontement…..C'est lui ou c'est moi. Je ne peux plus me défiler…… Ma mission sur terre va s'arrêter là. Mais grâce à vous, notre « *troisième clé »,* nous allons remettre les choses à leur place.

— Mais de quoi parlez-vous ? Vous délirez, vous êtes malade.

— Non mon gars ! Il faut se préparer. Il faut que vous fassiez isoler ce soir toute la plage de Gatseau. Personne ne doit être là ! Vous et moi seulement !

Vous devrez être le seul témoin ! »

On était au début de l'après-midi, et il était encore temps de mettre les choses en place. Il appela le colonel pour lui demander du renfort pour la soirée. Il lui confirma qu'il aurait à sa disposition une vingtaine d'hommes dès 18 heures.

« Voilà, c'est fait ! Vous pensez que votre présence sur les lieux devrait se situer vers ?

— C'est une soirée sans lune. Je pense que la confrontation aura lieu vers minuit. Si je suis là-bas vers 23 heures ce sera parfait. Il me faut bien tout ce temps pour mon dernier exorcisme.

— Ne dites pas de bêtise père Louis ! Je viens vous prendre vers 21 heures. »

5/17 Sur le chemin du retour, Barraba pensait que c'était de la folie de suivre père Louis dans cette voie. Mais il n'avait pas d'autre choix. De plus il devait reconnaître que ses deux interlocuteurs lui avaient permis de bien avancer dans son enquête, malgré les doutes qu'il avait eus à l'origine. Cette soirée qui lui semblait délirante, aurait-elle l'impact escompté ? Des faits décisifs dans ses conclusions ? C'est avec une certaine ferveur qu'il se prépara à cet évènement. Daumier fut chargé de mettre les hommes de la compagnie sur le terrain. Dès 20 heures les gendarmes avaient fait évacuer les vacanciers et bloqué toutes les voies d'accès.

A 21 heures précise, Barraba stoppait devant la maison de père Louis. Il y avait Maria qui était là, tordant un torchon dans ses mains, les yeux brillants. Le père Louis caressa son chien longuement et celui-ci assis à ses pieds le regardait avec tout l'amour du chien à son maître. Peut-être sentait-il que c'était la fin de leur union. En s'approchant du vieillard pour le soutenir il put voir que des larmes coulaient de ses deux yeux morts.

« Il est l'heure père Louis !

— Je suis prêt mon garçon ! Maria je vous confie Melchior. »

Maria était en larmes, elle savait qu'ils ne se reverraient plus. Elle se retourna et se signa.

5/18 Quand ils arrivèrent vers 22 heures au parking de la plage, l'adjudant de la compagnie lui confirma que la plage était bien déserte et les hommes en place.

« C'est parfait ! Surtout que personne n'intervienne sans mon ordre ! Quoiqu'il se passe ! »

Ils s'engagèrent sous la pinède, le capitaine tenant le vieil homme par le bras. La nuit était presque tombée et de gros nuages noirs s'étaient installés au dessus de leur tête. Le vent qui venait de la mer faisait balancer la cime des pins, provoquant un léger bruissement par à-coup. Quelques volatiles nocturnes lançaient leurs cris çà et là. Tout ce qu'il fallait pour mettre de l'ambiance. Et Barraba malgré son statut n'en menait pas large. En fait, il avait la trouille, une peur comme il n'en avait jamais eu ! Ils arrivèrent à hauteur du mémorial du débarquement en suivant la voie ferrée. Père Louis s'arrêta.

« C'est là !

— C'est là, quoi ?

— Le point de convergence ! C'est ici que tout a commencé, c'est ici que tout finira ! »

Le père Louis alors s'assit au travers de la voie, face au sud, en position du tailleur, sa grande capeline sur le dos, en habits de messe. Sur sa poitrine pendait un crucifix en or. Il sortit une Bible, la déposa sur la traverse en bois devant lui, alluma une bougie et la posa dessus. Barraba put voir alors dans la lumière de la bougie le visage émacié du moine. Le jeu d'ombres lui donnait un aspect encore plus effrayant. Les joues creuses, les rides très marquées et surtout une couleur de peau cireuse le faisaient ressembler à un cadavre.

« C'est bon capitaine. Vous pouvez me laisser ! L'heure est proche. Nous touchons au but ! »

Barraba recula de quelques pas, et se dissimula derrière une pierre en forme de menhir. Cette pierre avait été scellée là, à la mémoire du débarquement pour la libération de l'île. De là il pouvait observer toute la scène et même entendre la longue litanie formée de courtes invocations en l'honneur de son Dieu. Père Louis avait retrouvé sa voix, et par moment ses paroles avaient un effet surnaturel, incantatoire. Barraba entendit nettement portée par le vent cette phrase — *Vade retro Satanas !* Puis d'autres dites en latin.

Il avait porté haut devant lui sa croix. Eclairée par la bougie, elle scintillait dans la nuit noire. La voûte céleste était maintenant chargée de lourds nuages noirs, le vent soufflait en rafale, courbant la cime des pins. Entre chaque phrase du père Louis, un éclair venait s'abattre dans la baie, illuminant d'un blanc bleuté tout l'environnement.

Barraba regarda sa montre. Minuit moins cinq ! Et ce fut le début d'un spectacle dantesque ! Tout attiré par ce déchaînement des forces de la nature il ne fit pas attention tout de suite *au bruit !* Mais d'un coup, tout ce vacarme cessa. Et là, Barraba l'entendit parfaitement.

Ça venait de là-bas. Tout au fond de la pinède, du côté de la voie ferrée venant de Maumousson. Un bruit de moteur diesel lancé à toute vitesse, qui se rapprochait et que l'on entendait de mieux en mieux. Et puis ce bruit ....

— *Tadadam....Tadadam....Tadadam....*

Le bruit des roues sur le rail.

Barraba n'en revenait pas. C'était hallucinant, il était frappé de saisissement. A cette heure de la nuit aucun petit train de St Trojan ne pouvait, ne devait circuler ! Ce fut encore plus saisissant quand il entendit……

— *Tou….Tou….Tou….*

La machiavélique machine lâcha trois jets de vapeur comme pour s'annoncer. Un avertisseur identique à celui de Princesse ! Mais pis encore, au dessus de la locomotive, dans la trouée des arbres, il pouvait distinguer un halo de lumière qui avançait à l'allure supposée de la machine. Une immense boule de feu arrivait. A ce moment un formidable éclair troua le ciel et s'abattit sur un pin, l'étêtant. Une averse drue se mit à tomber sur la plage. A croire que toutes ces forces s'étaient donné rendez-vous - *au point de conjonction !*

Pendant que les paroles du père Louis lui revenaient, il ne quittait pas des yeux la courbe de la voie ferrée d'où devait déboucher la locomotive.

—*Tadadam…Tadadam…Tadadam…Tou…Tou…Tou…*

Il était minuit moins deux quand elle déboucha. Fumante, rugissante, brillante elle lui apparut comme une fantasmagorie. L'ectoplasme de Princesse, une masse blanche, lumineuse, ceinturée de longues bandes blanches filandreuses qui volaient au vent. A ce moment, après un moment de confusion, il se rendit compte qu'elle se dirigeait à toute vitesse vers le père Louis qui était toujours assis sur la voie. Le vieillard continuait sa litanie avec plus de violence comme pour supplanter le chaos, sa croix levée face à la locomotive. Il la tenait la serrant à rompre de ses doigts noueux, son corps empli de convulsions. Mais pire, en tournant la tête vers la droite, une autre boule de feu fit son apparition.

— *Thu…..Thu……Thu…..*

Comme font les klaxons.

Barraba identifia ce son à celui d'un camion. Mais en voyant se dessiner au travers des troncs dénudés des pins, comme dans un effet stroboscopique la forme lumineuse, il comprit tout de suite. Ce n'était pas le klaxon d'un camion mais celui d'un autocar. L'ectoplasme du car fonçait lui aussi sur les rails en sens inverse, répondant aux alertes sonores de la machine. Ahurissant ! Ses deux phares longue-portée éclairaient déjà son dos.

C'était pure folie. Entre réel et irréel, la magie, les illusions, les rêves, les fantasmes. Entre Dieu et Diable.

Barraba était agrippé à la pierre, soudé à elle, tenté entre, se protéger ou voir cette scène hallucinante. En fait, il ne put résister. Il fallait qu'il soit témoin des faits. C'était pour ça qu'il était là. Témoin de ce qui allait indubitablement arriver sous peu. Maintenant les deux boules de feu se rapprochaient de père Louis à une vitesse folle, dans un bruit d'enfer provoqué par un roulement de tonnerre ininterrompu. Les éclairs redoublaient de violence, transperçant des nuages noirs filant à toute vitesse. La pluie tourbillonnant et le vent en rafales avaient de concert, doublé d'effort.

Quelques mètres encore........ Elles étaient à égale distance de père Louis, leur cible, qu'elles ne pouvaient manquer.

Le choc eut lieu à minuit pile !

Les deux monstres écrasèrent en même temps le saint homme. Dans un bruit fracassant, elles fusionnèrent et montèrent au ciel, comme une fusée trouant la masse nuageuse.

La pluie d'un coup cessa. Le vent stoppa, les éclairs disparurent et les nuages firent place à un ciel étonnamment étoilé. Un calme glacial s'empara de la forêt.

Barraba restait coi, accroché à son cailloux, trempé de la tête aux pieds, le souffle court, les yeux exorbités. Tétanisé ! Il était là à reprendre ses esprits se demandant si, ce qu'il venait de voir avait vraiment existé. Si ce n'était pas le fait de son imagination. Non, la présence de père Louis était bien réelle. Maintenant que le calme était revenu, et que manifestement plus rien ne se passerait, il se préparait à se rendre auprès du père Louis. Quand !

Une main s'abattit sur son épaule !

Il crut s'évanouir ! Il se retourna vivement, son angoisse activée par la trouille.

« Alors capitaine, quel spectacle, non ? »

Cast, le jeune branleur était là, juste derrière lui, malgré toutes les précautions. Il avait réussi à passer au travers des barrages. Un appareil photo en bandoulière, il avait sûrement profité de l'occasion pour tirer bon nombre de pellicules.

Barraba , passé un moment de confusion, entra dans une colère monstre.

« Bordel, qu'est ce que vous foutez là ?

— Je me doutais bien que vous prépariez quelque chose. J'ai vu les gendarmes fermer les accès à la plage, et j'ai bien compris qu'il allait y avoir du nouveau. Je suis donc passé par la mer à bord d'un kayac, qui ne fait pas de bruit et est très bas sur l'eau. J'ai pu ainsi tromper la vigilance de vos hommes. Je m'attendais à tout, mais là je suis gâté !

— Je crois jeune homme que vous avez dépassé les bornes ! Donnez-moi votre appareil photo !

— Mais…..

— C'est ça, ou je vous arrête ! C'est vu ! Venez, on va voir père Louis, je règlerai votre compte après ! »

Les deux hommes coururent vers le vieillard agonisant. Le spectacle était affligeant. Il était étendu, trempé, sa croix sur la poitrine. Le Christ avait fondu et la coulée de métal s'était répandue sur ses mains les scellant à jamais. Sa peau était brûlée sur ses mains et sur son visage. Elle était devenue d'un rouge vif, et Barraba supposait qu'il devait endurer le martyr. Pris de convulsions le vieux moine dans un terrible effort, tourna la tête vers Barraba. Ce dernier vit alors que ses yeux scintillaient comme deux étoiles. Il s'approcha de lui. Manifestement il voulait lui dire quelque chose à l'oreille.

« J'ai gagné cette bataille. Maintenant j'ai la confirmation. C'est ici que tout a commencé. Vous pouvez maintenant ouvrir la dernière porte. Celle de la vérité, celle de la justice des hommes et de la justice divine. Vous êtes bien la « *Troisième clé !* ».

— Attendez ! Ne parlez plus, je vais faire venir des secours. Cast allez au poste de commandement et faites venir une ambulance !

— Ce n'est pas la peine jeune homme ! Ne vous tracassez pas pour moi, ma route s'arrête là ! Mais j'ai encore quelque chose à vous dire !

— Ne parlez plus. Les secours arrivent !

— C'est trop tard capitaine…… Ecoutez….. Là…............... Sous moi…..Sous le rail….Vous trouverez la réponse. La dernière porte ! »

Barraba malgré ses mots de soutien, savait que c'était ses derniers instants de vie. Ces paroles imagées lui faisaient penser que père Louis délirait. Il n'en était rien ! C'est avec un râle sibilant, ponctué par des contractions spasmodiques, qu'il prononça ses dernières paroles.

« Capitaine, sous le rail vous faites creuser et vous trouverez ! » Une quinte de toux interrompit la phrase.

« Capitaine…..Promettez-moi !

— Oui, bien sûr !

— Promettez-moi de vous occuper de Melchior !

— Faites-moi confiance ! »

Les hommes arrivèrent avec une civière. Père Louis ne bougeait plus. Un secouriste lui tâta le pouls. Il fit un signe de négation, c'était fini…..

On déposa le corps sur la civière, un drap blanc le recouvrant. Barraba vit s'éloigner dans la nuit cette masse blanche avec une certaine émotion. Et soudain, peut-être un effet des larmes dans ses yeux, il vit comme un halo de lumière entourant le saint homme.

Cette nuit fut sans doute la plus éprouvante qu'il n'ait jamais subie. Mais sa mission n'était pas encore finie. Il se rappela les dernières paroles du père.

« Creusez sous le rail ! »

Autour de lui, les hommes s'étaient massés. Au lieutenant il demanda qu'on aille chercher des pelles, des projecteurs. Vous creuserez là sous le rail avec seulement quatre hommes. Les autres peuvent regagner leur quartier. Daumier, vous interdisez encore l'accès routier. Barraba reprenait l'affaire en main. Un pompier lui donna ainsi qu'à Cast, des couvertures de survie. Il resta là, à attendre les fouilles, bien que supputant le résultat. Il demanda à Daumier de mettre Cast dans un fourgon en attendant son retour. Ce dernier aurait bien voulu être là pour voir, pour prendre une photo. Mais il n'avait plus son appareil et en partant il jeta un dernier coup d'œil vers Barraba. Celui-ci, enveloppé dans sa couverture regardait debout sur les rails. Dans la nuit noire sous les projecteurs, sa couverture dorée donnait un aspect visuel assez fantastique.

« Ça aurait pu faire une belle photo » pensa Cast.

« Mon capitaine, on a quelque chose ! »

Ce cri dans la nuit résonna comme un coup de tonnerre. Barraba se précipita.

« Approchez les projecteurs ! »

Il écarta les gendarmes et se mit à écarter le sable avec ses mains. Il mit au jour des fragments de tissus et des ossements. Les premiers éléments d'un squelette apparurent. Les os composant un bras étaient encore bien alignés et les phalanges de la main en place, témoignaient que le corps devait être celui d'un enfant. Barraba savait à qui ils appartenaient ! En dehors des chairs disparues, l'ensemble était parfaitement conservé. Mais à ce niveau des fouilles, Barraba préféra arrêter et fit mettre en œuvre toutes les procédures de protection de la zone. Une bâche fut mise sur le corps encore enfoui, et il fit appel alors aux services de l'identité judiciaire pour faire procéder à l'enlèvement dans les meilleures conditions et aux analyses qui devraient suivre.

Le jour se levait quand les scientifiques arrivèrent. Barraba n'avait pas quitté son poste d'observation. Une fois dégagé, le corps fut emporté sur une civière en direction de la morgue de l'hôpital de Marennes, là où officiait le docteur Mauras. La porte du véhicule du Samu se referma sur ce qui restait d'un enfant prénommé Maxime.

5/19 Tout était redevenu calme. Barraba remercia l'équipe. Avec Daumier et Cast restés dans le fourgon, ils rejoignirent le poste de gendarmerie.

Il libéra Daumier qui était crevé, comme lui aussi, mais obligea le jeune reporter à le suivre dans son bureau. La nuit avait été longue, éprouvante mais tellement extraordinaire. Elle n'était pas finie, il avait un compte à régler avec Cast. Une heure après, les choses étaient dites, les accords conclus ! Il restait à faxer au colonel les prémices d'une fin des affaires de la plage de Gatseau.

Dans la tête du capitaine tout était clair maintenant. Il restait la conclusion, la note finale. Et là, c'était une autre histoire !

Cast rentra chez lui. Trop tard pour faire un papier. Barraba prit une douche, s'affala sur son lit, et s'endormit aussitôt. Mais son sommeil fut agité, car tous les derniers évènements lui revenaient dans un demi sommeil. Les images, les bruits, tout cela était gravé dans sa mémoire à jamais. Pas des rêves, non ! Plutôt un cauchemar.

Une fois sur pied il appela Daumier et lui remit l'appareil photo pour qu'il fasse développer la pellicule chez un professionnel.

« Il doit y avoir à Saintes un magasin qui les développe en urgence. Faites jouer votre appartenance à la gendarmerie ! Moi je pars à l'hôpital prendre des nouvelles du corps auprès du docteur Mauras. »

5/20 Les deux hommes partirent chacun de leur côté. Arrivé, Barraba demanda le docteur. Ce dernier l'accompagna dans la salle dédiée aux autopsies. Sur une table en inox, un corps était recouvert d'un drap. Mauras le souleva, et l'ensemble du squelette apparut dans son ensemble, sous la lumière crue du plafonnier.

« Alors, docteur ?

— Il s'agit à première vue du squelette d'un enfant d'une dizaine d'années. La dentition est parfaite, aucune fracture des membres, sauf……

« — Sauf ?

— Là, à l'arrière du crâne, la boîte crânienne a été enfoncée, un choc assez violent, suffisant pour provoquer la mort. »

Le docteur avait retourné la tête afin de montrer au capitaine les raisons de ses conclusions. Barraba pris alors une photo avec son Polaroïd et demanda un petit prélèvement d'os. Mauras avec un scalpel lui donna un morceau de cartilage, qu'il mit dans une pochette plastique stérile. Sur ce le capitaine retourna au bureau.

5/21 Arrivé il ouvrit son coffre et prit un peu de la mèche de cheveux de Maxime, recueillie dans le cahier de sa mère. Il la glissa aussi dans une pochette et les identifia. Le tout dans une pochette cartonnée cachetée. Il décrocha son téléphone et appela.

« Allô, Pons ! C'est Barraba ! J'aurai besoin de tes services en extrême urgence ! Il me faudrait les résultats ADN sous trois ou quatre jours maxi ! Je t'envoie Daumier avec les prélèvements.

— OK ! »

Il raccrochait quand Daumier se pointa.

« Alors ces photos ?

— Rien !

— Comment ça rien ?

— Rien de bien exceptionnel ! On vous voit, vous, en premier plan, père Louis plus loin et la forêt en fond. Toutes les photos sont identiques !

Quoi ? Faites voir ! »

Daumier tendit les photos à Barraba qui les regarda une à une, le visage perplexe, sans dire un mot. Mais un léger sourire se dessinait sur ses lèvres. Il tendit alors la poche cartonnée à Daumier pour qu'il la remette à Pons en main propre et ce, séance tenante. Il avait retardé l'envoie du fax au colonel, mais à présent, il devait le faire. Mais comment amener son supérieur, qui était très cartésien, à envisager ne serait-ce qu'un peu, le présence de forces mystiques dans la résolution d'une affaire aussi gravissime. Il resta donc dans le flou et insista sur la découverte du corps. Il évita soigneusement de lui parler du comment il en était arrivé là, et de lui parler de la « *troisième clé* ».

« Allô, Cast ! Ici Barraba ! J'aimerai vous voir dans mon bureau. Tout de suite .....Oui, tout de suite ! »

Il devait bien y avoir un marché entre eux, car il rappliqua dans la demi heure qui suivit.

« Cast, il faut que vous me retrouviez les circonstances du décès du fils Marquet ! Pierre Marquet ! Il est décédé en 90 dans un accident de voiture. Il devait avoir 30 ans. Faites une petite enquête discrète, dans les archives de votre journal. Je veux tout en ce qui concerne cet accident. Je ne peux, vu les circonstances actuelles en parler aux parents. Il doit être enterré soit à La Rochelle, soit à St Trojan. Sur la pierre tombale vous devriez retrouver la date de sa mort. Soyez efficace et surtout discret cher ami. Je compte sur vous pour avoir le renseignement sous trois jours ! Merci !

— C'est tout ?

— Ah, non ! J'oubliais ! Tenez, voilà vos photos. »
Barraba tendit la pochette à Cast, qui n'en revenait pas de cette preuve de confiance. Il ouvre et visionne vite fait les épreuves. Il lève les yeux, étonné.

« Mais y a rien ?

— Ce qui nous ramène à la conversation de l'autre jour ! Allez, au revoir ! »

Barraba passa ces quelques jours d'attente, à ranger son bureau, trier, classer, organiser ses dossiers et les relire. Il effaça son fameux tableau Véléda, et retraça tous les éléments en sa possession, toutes les interconnexions entre les faits et les individus. L'heure de la grande confrontation approchait, il ne fallait pas se planter.

Trois jours plus tard. Son téléphone sonna.

« Allô, ici Barraba !

— Allô, Michel, c'est Pons. J'ai les résultats ! Il y a bien concordance ADN entre le morceau d'os et les cheveux. Je t'envoie les conclusions par fax. A plus ! »

Pour Barraba, ce n'était qu'une confirmation supplémentaire, mais qui devenait officielle. Il venait de raccrocher que Cast se présenta à son bureau.

« Bonjour capitaine ! J'ai retrouvé ce que vous cherchiez. Voilà les photocopies des articles concernant l'accident survenu au fils Marquet. Il est bien mort dans un accident de voiture et d'une façon effroyable. En entrant dans l'arrière d'un camion, une tôle a glissé et en traversant le pare-brise est venue couper la tête du malheureux à hauteur du cou. Décapité ! »

Barraba resta muet pendant qu'il lisait les articles tout en écoutant le discours de Cast. Une autre confirmation qui venait s'ajouter aux autres. Cette nouvelle, par les circonstances évoquées, lui fit un choc. Le processus exécutoire était déjà en place depuis 1990 ! Cast vit alors le capitaine pâlir et s'affaisser sur son siège.

« Ça va pas capitaine ?

— Si , tout va bien ! Ce n'est rien ! Vous pouvez me laisser maintenant, je vous remercie encore et je vous tiendrais au courant le moment voulu. »

Cast partit, laissant Barraba à ses réflexions, prostré sur son siège. Ce qu'ignorait le jeune journaliste, c'était que cet article était le dernier maillon de la chaîne, le dernier morceau du puzzle. Tout s'emboîtait, tout devenait clair dans l'esprit du capitaine
- *Il savait maintenant pourquoi !*
Il retourna à son tableau et fit les derniers arrangements. Il inclut le décès de Pierre Marquet et souligna en rouge certains noms.

Tous ceux qui étaient concernés par cette affaire. Tout collait ! Il était temps d'en finir et d'en référer au colonel.

« Allô, mon colonel ! J'en ai terminé avec l'affaire de Gatseau. Mais avant d'aller plus loin, il faudrait organiser une rencontre avec le procureur car l'affaire n'est pas banale et pourrait amener quelques incompréhensions des parties.

— Ecoutez Barraba, je ne comprends rien à votre charabia, mais pour qu'on en finisse je vais prendre contact avec lui. J'espère pour vous que vous avez des billes, car je le connais bien, il n'est pas commode. Je veux du concret, du carré pas du à peu près ! Vu !

— Enregistré mon colonel. J'attends votre coup de fil. »

Cette première étape — convaincre le colonel et le procureur, l'angoissait déjà ! Tout dépendait de cette réunion. Ça passe ou ça casse ! Il avait pourtant tous les éléments, le déroulé de son enquête, les étapes successives, mais la partie mystique allait avoir du mal à passer ! Daumier lui signala alors que le rendez-vous était fixé à La Rochelle le lendemain matin à 9 heures.

5/22 Le lendemain il rejoignait le colonel chez le procureur. Le planton lui ouvrit la porte capitonnée du bureau et la referma derrière lui. Les deux hommes semblaient l'attendre religieusement. Ambiance !

Quatre heures après. Les trois hommes ressortaient la mine grave. Ils ne s'adressèrent pas la parole. Tout avait été dit. Ce n'est qu'au parking que le colonel Ducros prit l'initiative.

« Capitaine votre exposé était parfait quoique quelque peu irrationnel. C'est une première dans les annales de la gendarmerie. La confidentialité est de rigueur. La gendarmerie aurait bien du mal à s'expliquer sur le contenu de notre enquête. Il reste à confondre nos prochains interlocuteurs. Nous allons procéder aux convocations et nous devrions nous retrouver à la caserne de St Pierre. Je vous tiendrai au courant. »

Barraba salua son supérieur et tout en le regardant s'éloigner, il pensa que cette première étape s'était plutôt pas mal passée. La deuxième devrait être plus délicate ! Il mit les dossiers dans le coffre et retourna à St Trojan.

Il reçut le fax le lendemain. Rendez-vous était pris pour le lundi suivant à 9 heures à St Pierre.

A 8 heures 30, il était déjà là, un gendarme le dirigea vers la salle de réunion prévue à cet effet. Il était venu seul car ce qui allait être dévoilé ne pouvait, ne devait être connu que par les personnes étroitement impliquées dans cette affaire.

Il installa deux tables en vis-à-vis, devant l'une 3 chaises, devant l'autre 4 chaises, et devant chacune d'elle un dossier. Et il attendit.

A 9 heures précise, le procureur entra suivi du colonel. Quelques minutes plus tard, 4 hommes entrèrent. Chacun prit place. Un silence pesant s'était installé, un sentiment de malaise. De leur côté, le colonel était à gauche de Barraba, le procureur à sa droite. Quand tout le monde se fut assis, le colonel prit la parole.

« Nous avons pris l'initiative de vous convoquer à St Pierre, pour vous exposer les résultats de l'enquête menée par le capitaine Barraba, que vous connaissez. Nous tenons à vous signaler que les conclusions du rapport risquent de vous choquer, voire vous offusquer. Mais après l'étude approfondie des éléments collationnés par le capitaine, M le procureur et moi-même, nous avons choisi de déroger aux procédures habituelles.

— Mais que signifie cette façon de faire ? Je suis le représentant officiel des familles, leur avocat, j'exige des explications !

— Certes maître, mais vous devriez baisser d'un ton, et garder votre salive pour plus tard. Je préfère vous avertir qu'il n'y aura pas de débat. Vous devrez vous contenter d'écouter !

— Mais c'est scandaleux !

Le procureur qui venait de prendre la parole, s'était exprimé sur un ton qui ne laissait pas la place à la contradiction. L'avocat se renfrogna, tandis que les trois autres restaient muets de stupeur devant ce premier échange. Ils étaient venus plaider en victime, mais la situation semblait prendre une tout autre tournure. Cela expliquant leur désarroi.

— Le capitaine va vous exposer les faits qui font la substance de notre affaire. Capitaine, si vous voulez bien !

— Pour l'affaire qui nous préoccupe, je dirais que, si le sort en est jeté, en ce qui vous concerne, ce serait plutôt le mauvais sort ! J'ai pu pendant mon enquête rencontrer des gens, trouver des documents, qui m'ont permis de remonter jusqu'à la genèse de l'histoire. Et en tirant l'écheveau, arriver aujourd'hui devant vous. L'histoire commence en fait en 1942 et se termine en 1995. C'est-à-dire cette année. Le lien qui relie ces deux dates, vous en êtes les artisans. Cela peut paraître insensé vu l'âge que vous aviez en 1942, mais pourtant !

En 1942, vivait sur le port, plus exactement derrière les cabanes une famille. La famille Verdoux ! Un père et sa fille Monique, la mère étant morte quelques temps auparavant. Ils survivaient tant bien que mal, car le père Verdoux était plus souvent au bar que sur un bateau. Pour faire bouillir la marmite sa fille fut obligée de faire serveuse dans un de ces bars situés sur le port. Vous n'ignorez pas que les Allemands qui occupaient St Trojan se livraient à des exactions. Et un en particulier qui viola Monique Verdoux. Et comme un malheur ne vient jamais seul, elle tomba enceinte et mit au monde un garçon nommé Maxime, que vous avez bien connu, il me semble. Mais pour compléter le tableau, il se trouva qu'il était né sourd et muet. A la libération elle fut accusée de collaboration et fut punie comme il était bon de le faire à l'époque. Je ne rentrerai pas dans les détails ! Peu après, son père de honte, se jette à l'eau et meurt, puis en 1952 son fils disparaît justement sur la plage de Gatseau. Plage maudite à en croire les évènements qui nous amènent ici ce jour. Je vous laisse imaginer la vie de cette pauvre femme. Heureusement, une femme l'a soutenue jusqu'au bout. Ça n'a pas été suffisant car il faut le dire, elle avait un peu perdu la tête. On le serait à moins ! Imaginez, messieurs la vie de cette femme qui a tout perdu, son père, son fils, son honneur, imaginez la souffrance de cette femme et pas une main tendue des nantis de la ville. Pas un geste du maire, du notaire, de l'agent immobilier, du juge !

— Mais vous parlez de nos parents ?

— Tiens vous avez deviné ? Il est vrai vous ne vous sentiez pas concernés à l'époque. Trop jeunes pour vous préoccuper des conditions de vie d'un être humain ! Pas de remords non plus, semble-t-il ?

— Mais on était trop jeune à l'époque !

— Jeunes, certes, mais vous aviez quand même en 52, M Liouret 12 ans sauf erreur ! maître Masset, 14 ans ! M Phillipi 15 ans, enfin maître Marquet 17 ! »

141

Barraba tout en faisant l'énumération des âges de chacun, observa que le juge Marquet, avait les coudes posés sur ses genoux, se tenant la tête entre les mains. Il n'avait pas esquissé un geste depuis le début. L'avocat qui semblait très surpris que l'on remonte à cette époque, demanda.

« Mais pourquoi remonter à 1952 ?

— Mais c'est parce que c'est cette année là, que le petit Maxime a disparu ! Qu'il serait tombé à l'eau et noyé. Son corps n'ayant jamais été retrouvé. Ça se passait du côté de Gatseau. Mais vous devriez vous en souvenir ! Vous aviez été interrogés par un journaliste de la Gazette. Tenez, j'ai l'article. Je cite :

« Quatre jeunes de St Trojan affirment ne rien savoir sur la disparition du jeune Maxime. »

D'ailleurs la photo de vous quatre est assez réussie. Or ce qui me gêne dans cette enquête, c'est que malgré votre présence sur les lieux, aucun gendarme n'a recueilli vos dépositions. Il semblerait que l'enquêteur de l'époque, décédé depuis et le juge d'instruction aient un peu bâclé l'affaire. J'ai ici le procès verbal, dont on peut dire qu'il est plus que succin ! On pourrait imaginer que certaines personnalités de l'île ont fait pression pour éviter un scandale. De plus, l'isolement de l'île d'Oléron et le peu d'intérêt que représentait cette affaire, cela ne facilitait pas la tâche de l'enquêteur. St Trojan a retrouvé son calme très vite après. Les esprits s'étant apaisés. On pourrait aussi imaginer qu'après la guerre il y avait de bonnes affaires à réaliser. Je suis convaincu qu'on a volontairement étouffé l'affaire. D'ailleurs le communiqué officiel précise : *Disparu en mer !*

— Vous voulez en venir où ?

— Justement j'y arrive ! Entre 1952 et 1956 complètement déboussolée par ses malheurs, abandonnée par Dieu, pensait-elle, méprisée par les biens pensants, trahie par la justice, il ne lui restait plus qu'une solution, le suicide. Ce qu'elle fit en 1956 en se jetant dans le port, là même où son père s'était jeté.

— Pure invention !

— Oh que non ! J'ai retrouvé dans la cabane un document olographe que l'on peut considérer comme son testament. Une boucle de cheveux blonds y était jointe comme étant celle de Maxime.

Authentifié par le laboratoire du Louvre, elle y retrace tout son chemin de croix. Et c'est un peu grâce à ce document que je peux faire la synthèse entre cet évènement de 1952 et ceux de Gatseau ces derniers mois.

— Mais quel rapport avec ce qui est arrivé à nos enfants ces derniers mois ?

— C'est bien ça le problème ! Avec ma hiérarchie, nous avons mis à plat tous les évènements anciens et nouveaux. Les liens entre eux. Des faits aussi dont j'ai été témoin et que vous ne connaissez pas. Nous avons retourné le problème dans tous les sens, et nous arrivons à la même conclusion. Ce qui va être dit maintenant restera secret. Car nous entrons dans un domaine qui risque de vous heurter, de vous choquer. Le domaine de l'irrationnel, du mysticisme, du paranormal, de l'inconcevable, pour toute personne sensée. Croyante ou pas ! Monique Verdoux avant de se suicider a passé un pacte avec le Diable…….. ! »

Rumeurs, sourires ! Ils se regardent comme si, ils assistaient à un mauvais film d'horreur.

« Foutaises !

— Je ne crois pas ! Comment cela peut-il se faire, je ne sais pas ? Cela semble fou, impossible et pourtant !

— Un pacte avec le Diable ! Pour se venger ?

— Ça ne fait aucun doute ! On prie Dieu pour accomplir des miracles, pourquoi pas le Diable ? Si vous êtes croyants, vous reconnaissez certains miracles sans vous poser de question. De désespoir elle a eu une révélation et imploré son aide en échange de son âme. Elle l'écrit !

— Ecrits d'une folle !

— Peut-être, sauf que sa vengeance a été exaucée ! Une vengeance exemplaire contre ceux qui ont fait du mal à son fils et

143

à leurs descendants.

— Mais en quoi cela nous concerne ?

— Maître j'ai le regret de vous informer que vous êtes complètement impliqués, vous et vos amis. Bien que le temps soit passé, le contrat courait toujours. Il aura fallu attendre 39 ans pour mettre à exécution la sentence. 39 ans pour que la conjoncture s'y prête ! Déjà en 1990, votre fils Pierre Marquet a, dans un accident de voiture, été décapité par une tôle. Excusez-moi de revenir sur ce fait tragique, mais cet accident n'était pas le fait du hasard ! Ensuite, les deux gamines ont eu leur langue tranchée, puis Joseph la tête explosée, enfin votre belle-fille et son fils la tête broyée par la locomotive. Toutes ces affaires avaient un lien. C'est ce que j'ai tenté de découvrir. Par le plus grand des hasards, bien que je me demande si c'est bien le hasard, j'ai été mis en contact avec deux personnes que vous connaissez. D'abord Mlle Chartel, qui a bien connu Monique et son fils, puis père Louis. Qui était exorciste avant de perdre la vue. Cette infirmité n'a fait qu'accentuer son sens divinatoire. Il nous a emmenés sur les lieux avant de mourir.

— Quels lieux ?

— Là où avait été enterré Maxime en 1952 ! Nous avons tenu secret cette information jusqu'à ce jour, en attendant la confirmation de l'ADN entre les ossements et la boucle de cheveux. Cela est confirmé ! Il s'agit bien de Maxime qui a été assassiné puis enterré sous la voie de chemin de fer, et non pas disparu en mer comme on avait voulu nous le faire croire ! »

Cette révélation tomba comme un couperet sur les quatre hommes. Marquet qui avait toujours la tête entre ses mains, laissait couler des larmes. Les autres devant l'évidence, restaient muets de honte et de chagrin. La honte d'avoir assassiné un pauvre garçon et le chagrin d'avoir été responsable du malheur qui s'était abattu sur leurs familles. Barraba venait de mettre au jour leur terrible secret qui avait tenu 43 ans ! Il regarda ses chefs qui lui firent un signe d'assentiment. Il les laissa quelques minutes pour « digérer » ces révélations.

- Un scoop comme dirait Cast -. Il reprit.

« Vous savez que nous savons ! Il me reste à vous démontrer le lien qui unit Maxime à vos enfants. Comme vous le savez Maxime était sourd et muet, et c'est bien à cause de cette infirmité qu'il a été moqué, battu, et blessé mortellement par la bêtise de quatre adolescents irresponsables. De plus fils de « boche », quel plaisir de malmener, de torturer, un enfant de dix ans ! Vous voyez où je veux en venir ?

— Par pitié, cessez ! implora maître Marquet.

— Sûrement pas ! Vous boirez jusqu'à la lie ! Et ne me parlez pas de pitié ! Pour en finir, la concordance entre le handicap de Maxime et les atteintes à vos proches - toutes au niveau de la tête, ça ne vous a pas échappé - était un symbole. *IL* a coupé, tranché, mutilé, broyé à tous, l'organe de la parole ! Monique Verdoux a été vengée et elle va retrouver son fils qui dormira à présent à côté d'elle comme le veut le tradition chrétienne. Comme le voulaient Mlle Chartel et père Louis. Par un théisme ! »

Le capitaine s'assoit épuisé. Une chape de plomb s'est abattue sur les quatre hommes ! Ils sont recroquevillés sur leur siège, blêmes. Le procureur se lève et prend la parole.

« Messieurs, au vu de tous les éléments du dossier qui ont été développés par le capitaine, la gendarmerie et la justice, d'un commun accord, ont consenti, faute de mieux et devant certains faits troublants, d'accepter la thèse de la « justice divine. » même diabolique. Cette thèse ne saurait être bien sûr développée devant les tribunaux et c'est pourquoi nous avons tenu cette réunion à huis clos. Rien de ce qui aura été dit ici, ce jour, ne sortira de cette pièce. Je suis certain que vous garderez secret cette triste affaire de 1952. Il y a de toute façon prescription.

Il nous parait évident que nous ne pourrons faire le rapprochement des faits de 1995 avec celui de 1952, devant un tribunal. Pour éviter toute publicité scabreuse nous prononcerons un non-lieu, par absence de coupable, dans l'intérêt de tout le monde. Je présume qu'à partir d'aujourd'hui vous aurez tout le temps de vous morfondre.

Pretium doloris ! C'est sur cette locution latine que je clos cette réunion. Messieurs, adieu. »

Les trois hommes sortent sans un mot. Les quatre autres restent « cloués » sur leur chaise. Puis ils sortent, deux soutiennent Marquet effondré et en pleurs. Ils viennent d'assimiler le niveau de leur responsabilité dans tout cela.

Une fois sortis, les trois fonctionnaires se saluent sans rien évoquer de ce qui vient de se passer. Ça restera au fond de leur mémoire, rien que dans leur mémoire. Restés seuls, les deux gendarmes conviennent d'un rendez-vous pour faire le point et établir un communiqué commun.

5/23 De retour à la brigade, Barraba remit le dossier dans son coffre et prit le téléphone.

« Allô, docteur Mauras, je souhaiterai vous rencontrer demain pour mettre au point les funérailles de Maxime, et de père Louis. Demain 9 heures ! OK ! »

Puis un autre coup de fil aux pompes funèbres pour préparer la cérémonie et les cercueils pour les deux corps entreposés au funérarium de Marennes. Cela devait être fait dans les trois jours à venir. Il raccrocha et appela la mairie pour organiser la mise en terre de Maxime à côté de sa mère, ainsi qu'un emplacement pour père Louis. Il appela Daumier pour prévenir Mlle Chartel et Maria. Enfin, il prévint Cast qu'il voulait le voir. Tout ceci étant engagé, il s'étira sur son fauteuil. Tout était fini, expliqué. Il effaça son tableau Véléda.

5/24 Trois jours plus tard.

C'est au son des cloches que le convoi s'engagea dans les allées du cimetière. Il précédait une foule d'anonymes, mais aussi ceux que Barraba avait prévenus.

En tenue de cérémonie, le colonel Ducros, le capitaine Barraba, Daumier, le curé de la paroisse, Mlle Chartel, Maria et Cast. Le convoi s'arrêta une première fois devant la tombe de Monique Verdoux. Mais au plus grand étonnement de Barraba, à la place du monticule de terre, on avait posé une stèle de granit noir sur laquelle étaient gravés les noms de la mère et du fil ainsi que leurs dates de naissance et de décès. Sur le côté les ouvriers avaient déposé la petite plaquette dont il manquait la dorure. Ce qui était toujours le cas d'ailleurs !

Le petit cercueil fut descendu dans le trou. L'enfant avait rejoint sa mère pour l'éternité. Le curé dit quelques mots, on jeta des fleurs. Le convoi repartit quelques mètres plus loin. Les ouvriers avaient ouvert un trou. On y déposa le cercueil du père Louis. Le curé rappela le parcours du brave homme qui soulagea bien des âmes. Chacun jeta une fleur, les convoyeurs déposèrent les couronnes, on se dit adieu. Barraba, se dit qu' heureusement le curé était loin de se douter des circonstances qui avaient amené à cette cérémonie. Il remarqua aussi que les quatre familles étaient absentes. Il confia à Cast qu'il avait été satisfait de la manière dont il avait abordé les évènements derniers dans son journal. Deux jours de suite, la Une fit sensation. Un titre accrocheur comme savait le faire Cast. Le journal avait multiplié les ventes. Cast faisait son trou dans le journal. Les deux hommes avaient joué le jeu dans l'intérêt général. Barraba avait volontairement omis certains détails et obligé Cast à se taire. Le lendemain matin, il téléphona et prévint Daumier de son absence pour une course urgente. Il prit la 4L et se rendit vers le nord de l'île.

5/25 Arrivé dans le village, il s'arrêta devant une certaine bâtisse délabrée. Il resta là à la détailler. Toujours pareil, la même misère. Les herbes folles, le vieux puits, mais les cormorans noirs avaient disparu. Assise sur la margelle du puits, Maria attendait, Melchior à ses pieds. En le voyant, le chien se leva, la queue fouettant l'air, les yeux pétillants. Il s'avança vers Barraba qui s'était accroupi et vint loger son museau entre les cuisses, dans l'attente d'une caresse.

« Alors Melchior, mon chien ! Je suis venu te chercher. On va aller voir quelqu'un qui t'aimait beaucoup et toi aussi je crois. Ah, madame Maria, merci encore pour tout. Je crois qu'on devrait faire une bonne paire de copain maintenant. Au revoir. »

Il lui mit la laisse et le fit monter sur le siège passager, il ouvrit la glace. Quand il démarra Melchior mit sa truffe au vent. Il revenait gentiment, direction le cimetière de St Trojan. Celui qu'ils allaient voir pouvait attendre ! En chemin toute cette histoire lui revint. Tous les épisodes s'affichaient dans sa mémoire, il avait fait son boulot, tout était fini. Sauf, que quelque chose le tracassait mais il ne voyait pas quoi. Il avait dû oublier un fait, et cela l'énervait de ne pouvoir mettre un mot ou un nom dessus. Avait-il négligé un indice ? Pendant ce temps il avait parcouru la distance le menant au cimetière. Il descendit et fit sauter Melchior du siège. Il lui mit la laisse et malgré l'interdiction d'accès aux chiens, ils y entrèrent quand même. C'est pour la bonne cause pensa Barraba. Ils se dirigèrent vers la tombe du père Louis, et passant devant celle des Verdoux, il s'arrêta net ! Sur la petite plaquette qui avait été reposée sur la tombe, toutes les lettres avaient été recouvertes d'un film en or. Toutes !

Comment cela était-il possible ? se dit Barraba. Hier encore les lettres étaient vierges. Il lui prit une angoisse. Qui pouvait ainsi honorer la mémoire de Monique ? Il se refusait de l'admettre mais maintenant il doutait. IL n'avait pas disparu dans le choc frontal dans la pinède ! Non, IL était encore là ! Il devint blême. Qu'allait-il se passer maintenant ? Pourquoi cette manifestation si concrète ? Il fit quelques pas pour rejoindre l'autre tombe.

« Tiens mon chien ! Ton maître est là maintenant. Il repose en paix. Tu sais il te regarde de là-haut, alors pas de bêtises, hein ! »

Le chien s'accroupit devant la tombe, le museau entre ses pattes. Barraba le laissa faire. C'était comme rendre un hommage à la façon des chiens, leur minute de silence. Puis il se redressa, gratta la terre avec ses griffes et vint se coller contre les jambes de Barraba. C'était son nouveau maître. Barraba était très ému par cette scène. Il se dépêcha de rentrer au poste pour le montrer à toute l'équipe.

C'est en arrivant devant la gendarmerie qu'il comprit son malaise. Ce fut comme un éclair de lucidité. Comment ne pas y avoir pensé plus tôt ! Tout n'était pas fini ! Il fallait faire vite. C'était peut-être déjà trop tard ? Il fila en courant dans son bureau, nota une adresse et confia Melchior à Daumier qui le connaissait.

Il repartit à toute allure, traversa le pont, se dirigea vers La Rochelle. Il arriva dans une ville un peu avant Rochefort, s'arrêta devant le plan de la ville et identifia sur le plan, l'adresse de la personne qu'il devait absolument voir. Il savait où il était maintenant, il tourna sur la droite et s'arrêta devant un pavillon.

Il y était !

Il descendit et sonna. Une jeune femme apparut.

« Oui ? Qu'y a-t-il ?

— Je suis le capitaine Barraba. C'est moi qui suis l'enquête de St Trojan.

— Entrez ! »

Le capitaine en entrant cherchait quelque chose du regard.

« Votre fils va bien ?

— Damien ? Il se remet doucement. Comme moi ! Attendez je vais le chercher. »

Elle se dirigea vers la pièce de derrière et revint tenant l'enfant à la main. Et là, Barraba reçut un grand choc ! Cette femme, sa mère lui parlait dans le langage des signes et l'enfant lui répondait de même. Damien était sourd-muet !

« Votre enfant est sourd ?

— Vous ne le saviez pas ?

— Ce n'était pas noté dans mon dossier. »

Tout en parlant à la jeune femme, il regarda ses yeux. Les yeux d'Aline Philippi n'étaient pas de la même couleur ! Elle était vairon !

« Bon je vois que tout va bien. Je vous quitte, prenez soin de vous. »

Il repartit soulagé. La malédiction ne pouvait s'appliquer dans ce cas là ! Il avait entendu dire que les femmes ayant des yeux différents, mettaient au monde des enfants sourds-muets. Son handicap en fait, l'avait protégé de la terrible vengeance.

5/26 De retour il présenta Melchior à toute l'équipe. En précisant que, de chien d'aveugle, il allait devenir auxiliaire de police. Qu'il y aurait du boulot mais qu'avec ses canines on pourra lui laisser le poste en surveillance.

Tous les gendarmes vinrent caresser leur nouveau collègue, et Barraba offrit un verre à tout le monde pour fêter la fin de cette enquête. Il était tard et chacun partit rejoindre son logement. Barraba avait maintenant un problème : il devait faire la soupe pour deux personnes à présent.

5/27 Le lendemain matin 8 heures 30.

Daumier entra en trombe dans le bureau du capitaine.

« Capitaine, Madame Marquet vient de m'appeler ! Elle vient de trouver son mari, pendu dans le garage !

— Merde ! Ce n'est pas possible ! Appelez les pompiers on part. »

Les deux hommes s'engouffrèrent dans l'estafette et foncèrent à l'adresse des Marquet. En quelques minutes, ils étaient arrivés. Déjà des pompiers avaient à l'aide de l'escabeau trouvé à terre, coupé la corde et allongé le corps sur le ciment. Une femme pompier soutenait Madame Marquet assise sur un banc dans le jardin.

« Alors adjudant, les premières constatations ?

— Quand on est arrivé, le corps pendait à cette poutre, l'escabeau était couché à terre sous ses pieds. Nous avons dû nous en servir pour pouvoir couper la corde. Nous avions des gants. Je l'ai remis là exactement où il était. A première vue, il s'en est servi pour accrocher la corde et l'a fait basculer pour commettre son acte. Quant à la victime, le visage était cyanosé à notre arrivée. Quand on l'a décroché il était bien mort. Rien à faire ! Je l'emmène à Marennes pour l'autopsie, si vous êtes d'accord.

— Oui, oui ! Faites moi parvenir votre rapport s'il vous plaît. »

Les pompiers allaient mettre la civière dans l'ambulance quand

Barraba héla l'adjudant.

« Vous avez fouillé ses poches ?

— Non !

— Regardez voir ! »

Avant de refermer la housse plastique, il fouilla les poches du défunt. Le pompier au bout d'un moment sortit d'une poche une enveloppe.

« C'est pour vous capitaine ! »

A l'attention du capitaine Barraba. Personnel.

Il l'ouvrit rapidement, la parcourut et donna l'ordre d'emmener le corps. Pendant que Daumier faisait les premières constatations, prenait des photos, et interrogeait madame Marquet, il se replongea dans sa lecture.

Ceci est ma confession.

Le contenu est la pure vérité. Je ne peux plus garder plus longtemps ce terrible secret qui me taraude depuis ce jour de 1952. Les derniers évènements, la découverte du corps de Maxime, font que ma vie m'est devenue insupportable. Je mets fin à mes jours en toute conscience. Pretium doloris comme la si bien souligné le procureur. Le paiement de la souffrance ! Nous avons payé chèrement notre faute. Car je m'accuse par la présente du meurtre du jeune Maxime. Je suis le seul fautif. Une banale dispute qui finit mal. Au cours de la bagarre il est tombé et sa tête est venue heurter un rocher à l'arrière du crâne. Il est mort sur le coup. Nous avons paniqué de peur des retombées et nous avons décidé de l'enterrer là où vous l'avez trouvé. Même 43 ans après ce souvenir me hante. Avec cette découverte et les terribles épreuves subies par nos enfants, il ne m'est plus possible de vivre.

Adieu.

La boucle était bouclée ! Cette confession tardive mettait un terme à son enquête, confirmant les conclusions évoquées lors de la réunion. De retour au poste il la fera parvenir au colonel Ducros. Affaire classée.

Barraba fit venir le docteur de famille car la veuve étaitvraiment mal. Un calmant semblait nécessaire.

5/28 Après avoir faxé la lettre au colonel il l'appela au téléphone.

« Allô mon colonel. Je voudrais que vous examiniez ma demande de mutation à l'île de La Réunion. Je crois savoir qu'un poste se libère là-bas…. Oui, en effet, je quitte une île pour une autre, mais j'en ai un peu « soupé » de celle-ci. Je compte sur votre appui. Mes respects mon colonel »

Il décrocha à nouveau.

« Allô, Cast ! Vous pouvez venir me voir. »

Le lendemain, dans La Gazette on pouvait lire à la Une !

EXTRAORDINAIRE REBONDISSEMENT DANS L'AFFAIRE DE GATSEAU.

Encore une réussite à mettre à l'ordre de la gendarmerie. Le capitaine Barraba sous les ordres du colonel Ducros, vient de mettre fin au mystère entourant la disparition du jeune Maxime Verdoux en 1952. Au cours de l'enquête son corps a été mis au jour, enseveli dans le sable sûrement pendant la fameuse tempête de septembre. Au cours d'une cérémonie religieuse d'une grande dignité, l'enfant a été déposé auprès de sa mère Monique. Dans le même temps, le père Louis, figure incontournable de l'île, a été inhumé.

En dernière minute, nous apprenons le décès de maître Marquet, notable de la ville de St Trojan. Nous développerons cette information dans notre prochain bulletin.

L'ensemble des membres de La Gazette, présente ses condoléances à son épouse et à ses proches.

J-C Cast.

Barraba replia le journal, satisfait des commentaires évasifs. Et s'adressant à son chien.

« Tu viens Melchior, on va faire les valises. »

6

L'archange Saint Michel.

18 ans plus tard.
28 juin 2013, 22 heures 30.

6/1   Le RER venait juste de s'arrêter dans la gare de Torcy, en banlieue parisienne, que les rares passagers se pressaient vers la sortie. Barraba lui, prenait tout son temps. Il n'était pas particulièrement pressé, personne ne l'attendait. Même pas son chien.

Il pénétrait dans le parking souterrain, parfaitement désert à cette heure, quand il entendit vers le fond, dans un recoin assez sombre, justement là où il s'était garé, des éclats de voix. Des cris plus exactement ! Il lui restait une centaine de mètres avant de retrouver sa voiture placée derrière un angle de mur, là d'où venaient ces cris. En approchant, il entendait nettement une voix de femme qui hurlait et d'autres voix masculines qui lui répondaient.

Tout un tas d'idées lui vinrent à l'esprit, il pressa le pas. Il avait bien une carte de gendarme, mais pas la tenue ni son arme.

6/2   Faut dire que la vie du capitaine avait bien changé depuis 18 ans ! Après avoir passé 15 ans dans l'île de La Réunion, après la mort de son chien, il avait souhaité revenir en France. Sa venue sur l'île avait été bénéfique sur le plan local. Résolutions d'affaires de délinquance et de quelques trafics de drogue. Grâce à ses états de services, il fut promu commandant et dirigea l'ensemble des forces de gendarmerie sur l'île. Il avait entendu dire qu'en France l'état-major était en train de monter une cellule spéciale appelée Intereuropa, chargée de la coordination des renseignements au travers de l'Europe. Sa demande d'intégrer le groupe avait été retenue par le Ministre de l'Intérieur. Il obtint le poste de directeur avec le grade de colonel. Colonel Barraba. Il avait du galon mais de l'âge aussi. Célibataire, il avait pendant son séjour sur l'île, appris trois langues étrangères, l'anglais, l'allemand et l'arabe. Posséder quatre langues avait été déterminant dans l'attribution du poste. C'en était fini des missions sur le terrain, il était devenu bureaucrate, mais il avait gardé de ses anciennes pratiques le fameux tableau blanc. Une manie qui amusait ses collègues, plutôt habitués aux écrans plats. Il leur avait expliqué qu'il pouvait visionner d'une façon globale l'ensemble d'une affaire. Là où les autres voyaient un infâme gribouillis, lui voyait d'un coup d'œil, les liens entre les différents protagonistes pour mieux les confondre. Après quelques temps, et grâce à sa méthode, il avait réussi à déjouer des actes terroristes et faire interpeller les activistes. Lui l'avait fait avec son tableau, les autres avaient le même résultat mais sur disquette ! Question de génération aimait-il à dire.

6/3   Toujours est-il que, plus il approchait, plus les voix amplifiaient. Quand il arriva juste à l'angle du mur, sans que les autres le voient, il jeta un coup d'œil. Il fut saisi d'effroi ! Le long du mur, deux voitures face à face. Sur le capot de celle de gauche, se tenait un garçon, une batte de base-ball à la main qui tapait de toutes ses forces sur le capot de l'autre véhicule. Cette dernière était déjà très endommagée, pare-brise cassé, phares explosés, ce qui n'influait en rien son ardeur. Il sautait d'un capot à l'autre en hurlant des insanités. Son accoutrement était peu banal quoique normal pour cette banlieue jugée chaude. Ses cheveux étaient teints de bandes de couleur, rouge, jaune et violet. Sa tête était couverte de piercings, et ses bras tatoués de dessins sataniques. Il portait des bottes à bouts ferrés et des gants de cuir noir cloutés. Sur son tee-shirt, une image d'un groupe hard-rock des années 70. La panoplie d'un voyou bien allumé. Il sautait en hurlant.

« Alors, tu aimes salope ! Tu vas voir ce qu'on va te mettre ! »

Un autre garçon, qui lui était derrière l'autre véhicule, un marteau à la main, cognant de toutes ses forces sur la carrosserie, enchaînait les insanités.

« On va te faire ta fête connasse ! Ah, t'en veux, on va t'en donner ! On va te baiser tous les deux en même temps ! Tu vas voir tu vas te régaler ! »

Barraba dissimulé derrière l'angle du mur, n'en croyait pas ses oreilles. Il en avait pourtant vu des situations baroques, mais là ça dépassait son imagination. De là où il était, il n'avait pas vu la fille. Il supposait qu'elle était restée dans une des deux voitures. Mais en se penchant mieux, il put voir qu'en fait, elle semblait participer et jouir de cette mise en scène. Aucunement apeurée, elle criait elle aussi en réponse, d'énormes grossièretés. Barraba imagina alors qu'il y avait entre ces trois là, une complicité, une « danse » rituelle, un échauffement physique et verbal, une mise en condition ! Seules les voitures pâtissaient de ces excès de violence.

Barraba décida au bout d'un moment de se montrer et marcha vers ce trio déjanté. Les garçons cessèrent leur violence, et la fille sortit de la voiture.

Quand il la vit sortir, il n'en crut pas ses yeux. C'était une toute jeune fille d'à peine vingt ans, mais tout de cuir vêtue. Des chaînes autour du cour, des cheveux d'ébène, des piercings partout, ses yeux maquillés outrageusement en noir et violet, et les lèvres peintes en rouge sang. Sur ses avant-bras découverts, des tatouages sataniques. Barraba était en fait, plus impressionné par elle que par les garçons. Pendant ce court instant, le silence glacial avait remplacé le chahut, et chaque personnage restait immobile à le dévisager. La fille attirait toujours le regard du colonel. Il pouvait voir que ses gants de cuir noir étaient cloutés et au bout de ses doigts, de faux ongles en acier, affûtés comme des lames de rasoir. Elle portait des genouillères en cuir épais d'où sortaient des pointes acérées. Une fille en mode cuir et acier. Elle s'adressa à Barraba d'une voix agressive.

« Qui c'est ce mec ?
Barraba sortit sa carte de police.

— Vous avez des ennuis, mademoiselle ?

— Pas du tout mec ! C'est moi qui leur aie demandé de tout casser ! Ça m'excite ! J'adore la violence mec ! »

Et l'inventaire de ses particularités ne s'arrêtait pas là ! Quand elle ouvrit la bouche, Barraba put distinguer que sa langue était piquée de plusieurs piercings. Quand elle lui adressa la parole le son de sa voix était rauque, guttural. Et puis comme elle approchait, il put observer que ses yeux étaient injectés de sang. Les deux garçons aussi d'ailleurs. Il pensa tout de suite qu'ils étaient sous l'emprise d'une nouvelle drogue dévastatrice à la mode : le *Trishoot*. Un truc dingue qui rend les utilisateurs complètement hystériques et agressifs.

« Tu veux voir les papiers mec ? Cette caisse est bien à moi, et j'en fais ce que je veux.

— C'est vrai mec ! lança un gars.

— Il faut qu'on lui fasse tout ce cinéma pour qu'elle prenne son pied ! Elle ne peut pas jouir sans ça ! Tu comprends il lui faut un max d'adrénaline, et là mec, c'est le feu d'artifice, y a pas meilleure baiseuse ! »

Barraba sentait que les garçons devenaient plus véhéments et qu'à trois contre un il ne faisait pas le poids. Il n'avait jamais été un adepte des sports de combat et avec l'âge il voyait mal comment s'en sortir. Il estima que la fille étant consentante, voire organisatrice des faits de violence, il préféra calmer le jeu.

« OK ! OK ! C'est tout vu ! Bonne fin de soirée ! »

Il se dirigea vers son véhicule qui se trouvait garé juste deux places plus loin, sous les railleries des trois jeunes gens. En fin de compte, c'était leur vie, s'ils voulaient se détruire, se suicider lentement, tant pis, c'était leur choix.

Il savait qu'en 2013, les jeunes étaient devenus dingues avec toutes ces drogues associées à l'alcool. On ne comptait plus toutes les agressions, les viols, les vols, les meurtres. Avec le chômage il y avait une grave crise de confiance. De plus de jeunes émigrés croyant trouver en France leur « Eldorado » se retrouvaient aussi rejetés et grossissaient le nombre de délinquants. Depuis son service de renseignements, il était au courant des dérives sectaires de certains jeunes et la cellule antiterroriste le tenait informé au jour le jour de l'embrigadement d'ados à la recherche d'un idéal communautariste. On était loin de la petite brigade de St Trojan !

Il monta dans sa voiture, mit le contact, mais avant de partir, il nota les numéros des deux voitures. Sûrement des fausses plaques, mais on ne sait jamais ! Il démarra et en passant devant eux, l'un des gars lui balança une batte de base-ball sur le toit. Barraba vu l'ambiance préféra continuer sa route, sous les rires sardoniques du trio. Il avait encore dans l'oreille la voix rauque de la fille. Impressionnant ! Il rentra chez lui, perturbé par ces derniers évènements. Quelle société de fou, pensa-t-il, vivement la retraite qu'il puisse se barrer de là. Retrouver le calme et adopter un chien du genre de Melchior.

6/4 Deux jours plus tard.

Il était à son bureau, l'incident lui était sorti de l'esprit. Il était sur un dossier de traite de blanches entre les pays de l'est et la France. La salle était grande du type « open space ». De mini

157

cloisons séparaient les officiers. Chaque bureau avait une spécialité dans le cadre du renseignement. Des ordinateurs à foison de la dernière génération et un réseau international connecté à un serveur haute technicité. Des fax arrivaient sans cesse et les imprimantes crachaient des montagnes de papier A4. Toute l'Europe était connectée à ce service. Même la plus petite information française concernant la délinquance et le terrorisme était épluchée, analysée. Par son âge et son grade, Barraba était un peu à part, mais il entendait parfois un officier s'écrier qu'une info venait d'arriver et interpellait un gendarme spécialisé.

Ce jour là, le lieutenant Henri, qui était chargé de récupérer les fax et de les distribuer à qui de droit, resta interdit devant un fax qu'il venait de lire. Ne sachant à qui l'attribuer.

« Eh les gars ! J'ai un fax bizarre. Ecoutez ça !

— *Le SSHAD* de Bailly en Seine et Marne, nous informe qu'un jogger vient de découvrir dans la forêt de Ferrières, dans une voiture, deux jeunes garçons morts par strangulation. Mais le plus incroyable, c'est qu'on leur avait coupé la langue.* »

Barraba qui avait écouté Henri d'une oreille discrète, à l'énoncé du fax, se précipita comme un fou, faisant tomber une pile de dossiers de son bureau, sous le regard étonné de ses collègues. Heurtant un autre bureau dans sa précipitation il fit valser une bouteille d'eau. Toute la salle était debout, regardant au dessus des cloisons leur chef arracher le fax des mains d'Henri !

« C'est pour moi ! Je prends cette affaire ! »

D'un ton qui laissa perplexe les officiers, mais aucun n'osa poser de question.

De retour à son bureau, il relut le texte. Il avait bien entendu - *la langue tranchée*. Il ferma les yeux. Un « come back » de 18 ans. Ce putain de fax lui faisait faire un retour vers un passé douloureux. C'était comme se revoir avec les deux filles, sur la plage de Gatseau. Un cauchemar ! Il identifia l'origine du fax. Il émanait du capitaine

Dumont de la brigade spéciale de sécurité de Bailly.

Il demanda à la secrétaire de trouver le numéro de ce Dumont. Il appela.

« Allô, ici le colonel de gendarmerie Barraba du service spécial HSE**. Je voudrais parler au capitaine Dumont s'il vous plaît.

— Mes respects mon colonel.. Je vous le passe.

— Allô, ici Dumont.

— Capitaine, ici le colonel Barraba. Je viens de recevoir votre fax concernant le double homicide dans la forêt de Ferrières. Je souhaiterais vous voir très rapidement, car j'aurais quelques éléments qui pourraient vous intéresser. Je vous propose demain 14 heures.

— Ça marche ! OK pour 14 heures.

— Je vous donne mes coordonnées. A demain donc. »

* (SSHAD: Section de Sécurité de l'HAbitat Départemental.)
** (HSE : Haute Sécurité Européenne.) (Notes de l'auteur.)

6/5   Le lendemain le capitaine Dumont se pointa au bureau de Barraba. Il entra.

« Mes respects mon colonel !

— Asseyez-vous capitaine. Alors cette affaire vous avez déjà des pistes ?

— A part le témoignage du jogger et la date présumée des meurtres, nous n'avons rien trouvé de significatif dans la voiture.

— A quelle date ?

— Le médecin pense qu'il y a deux jours. »

Le colonel restait stoïque, mais cette date avait une importance cruciale. C'était le jour du parking du RER ! Depuis 18 ans, il ne croyait plus aux coïncidences.

« Vous avez des photos ?

— Tenez, je vous ai apporté une clé USB. Nous les avons dans tous les angles. »

Barraba regarda défiler toutes les photos sur son écran. Vision assez pénible surtout en gros plan, mais même si un élément correspondait parfaitement à ce qu'il avait constaté antérieurement, là, il y avait meurtre. Et non pas une quelconque action « divine ».

« Vous avez dit, mort par strangulation ?

— Oui, regardez là, on a passé du câble électrique autour de leurs cous, et serré avec un morceau de bois, en faisant un tourniquet. Là, vous voyez, on a passé les câbles derrière les appuis-tête.

— Ça rappelle le « garrot » espagnol !

— En effet. Et c'est sûrement la cause de leur mort et non pas la perte de sang. Et autre chose de bizarre. On a baissé leurs pantalons et découvert leurs parties génitales ? »

Barraba relut le dossier des premières constatations, qui était très mince, car le capitaine Dumont n'avait pas de piste pour ce double meurtre étrange. Ces photos lui « parlaient », mais il ne fit aucune allusion aux évènements de Gatseau, ni de Torcy. Il lui proposa un café. Dans le dossier deux cartes d'identité au nom de Mathieu et Joël Barney. Deux jeunes hommes aux cheveux roux !

« Vous voulez un café ?

— Volontiers !

— Henri vous pouvez emmener le capitaine au distributeur de café, j'ai un coup de fil à passer. Merci. »

Une fois seul il décrocha et fit un numéro. La conversation dura un bon moment jusqu'à ce que le capitaine revienne.

« Ah, capitaine, je vous passe le procureur de Meaux. Il a quelque chose à vous dire.

— Allô, ici Dumont……Oui……D'accord……Bon ! Je vous le passe.

— Alors tout est OK avec les forces de police ? Bon je vous tiens informé. Au revoir. »

Devant la mine interrogative de Dumont qui semble ne rien comprendre, Barraba ne semble pas disposé à épiloguer sur ce qui vient de se dire.

« Vous avez compris, je pense ?

— Oui mais pourquoi ?

— J'en fais une affaire personnelle. Je vais faire des photocopies de votre dossier. Mais je vous tiendrais au courant si nécessaire. Au revoir. »

La dessus il se leva et salua le pauvre capitaine un peu dépité. Ce dernier pensa qu'entre l'avis d'un colonel du HSE et un petit flic comme lui, y avait pas photo ! Il ne faisait pas le poids.

6/6 Quelque temps après, Barraba enfila sa veste, prit le dossier, les photos, avant de rejoindre sa voiture au parking. Mais auparavant il voulait vérifier une chose. Il sortit une photo de la voiture prise de face où l'on voyait le numéro minéralogique. Il s'agissait d'un vieux modèle coréen de couleur rouge. Il connaissait ce modèle.
L'immatriculation étant : PR2 93 MAB, de mémoire cette plaque ressemblait à une de celles relevées au parking deux jours auparavant. Il relut le PV des premières constations par la police locale. On pouvait lire :

Suite à la déposition d'un jogger Mr Caillaux, nous avons constaté qu'un véhicule rouge de marque coréenne, était dissimulé dans une contre allée du bois de Ferrières dans le 77. Les portes étant ouvertes nous avons constaté que deux hommes s'y trouvaient, étranglés avec du câble électrique. Que leur pantalon était abaissé, laissant voir leurs parties génitales et que leur langue avait été coupée. D'après la plaque d'immatriculation PR2 93 MAB, cette voiture appartenait à un certain Mathieu Barney, habitant Montreuil dans le 93.

Les papiers d'identité trouvés sur eux ont confirmé qu'il s'agissait bien d'une part de Mathieu Barney et de son frère cadet Joël Barney. Une batte de base-ball et un marteau ont été trouvés sur la banquette arrière. Le véhicule a été transféré dans un laboratoire de la police scientifique à Meaux 77. D'après les enquêteurs sur place, des traces de pneus différentes que celles impliquées, prouveraient qu'un autre véhicule se trouvait à proximité. Des moulages ont été effectués pour retrouver le fabricant des pneus.

Barraba inspira fortement, il avait besoin d'air. Il posa sa tête sur l'appui-tête et ferma les yeux. La réponse était là dans la boîte à gants. Il hésitait à prendre ce bout de papier où il avait noté ces deux numéros. Il avait un peu mal au ventre et ses mains tremblaient quand il se décida enfin à ouvrir. Il croyait qu'il était là, sur le dessus, mais il n'y était pas ? D'un geste rageur il fit tomber le contenu du boîtier à terre.

« Merde ! Où est ce putain de bout de papier ? » éructa-t-il !

Il était rare d'entendre le colonel dire des grossièretés, mais cette situation lui devenait insupportable. Il se sentait encore une fois manipulé, comme si cette vieille histoire refaisait surface, non épurée. D'ailleurs en y repensant, il nota qu'il venait d'être confronté en moins de deux jours à des évènements très proches de ceux de Gatseau. Qu'il se pourrait bien que ce ne soit pas le fait du hasard ! Que tout cela était ciblé ! Et que la cible, c'était lui !

Il se pencha en avant, écarta les quelques babioles tombées à terre. Rien ! Enfin il mit la main dessus, le papier avait glissé sous le siège avant. Il le déplia.

Voiture rouge PR2 93 MAB/ blanche VT6 66 SAT.

En voyant les numéros de la deuxième plaque il resta scotché un moment. Ce n'était pas possible ! VT 666 SAT ! Ça lui sauta aux yeux immédiatement. 666 le chiffre du diable ! Il était en plein dedans !

Il prit son portable et fit le numéro du service des cartes grises en donnant le fameux numéro. Ayant décliné son grade il n'eut pas trop de temps à attendre une réponse : plaque fausse !

Barraba s'en doutait un peu, tout était une mise scène, cette agression avait été orchestrée pour le mettre dans un état de psychose. *IL* jouait avec lui ! Conscient de ce qui lui arrivait, et déjà dans quel état psychique il se trouvait, il tenta de reprendre ses esprits. Sa position au sein de la gendarmerie ne lui permettait pas de sombrer dans des divagations ésotériques, lui qui était cartésien et athée. Bien que les évènements de Gatseau l'avaient un peu ébranlé dans ses convictions. Il rangea son dossier et rentra chez lui. Tout en conduisant il songea que ce n'était qu'un début. Où et quand allait-*IL* se manifester.

6/7 Après une nuit agitée, il décida de se rendre chez les Barney à Montreuil.

Sur le rapport figurait leur adresse. En se garant, il put observer qu'on était loin d'un pavillon de banlieue mais devant une usine désaffectée, taguée, délabrée. Toutes les vitres avaient été cassées ce qui permit au colonel d'entendre qu'on diffusait « *à fond la caisse »,* une musique du genre hard-rock. Au fond de la cour, erraient de jeunes gens, des zonards, dont le comportement laissait supposer qu'ils étaient sous l'effet de l'alcool ou de drogues. Certains étaient affalés le long des murs et Barraba se demanda s'ils étaient encore en vie ou pas ? Mais cette situation ne semblait pas gêner outre mesure ceux qui tenaient encore debout. Désolant !

Il repéra dans un coin, un groupe qui fumait dont les tenues s'apparentaient à celles des Barney. Il tenta le coup en se dirigeant vers eux, bien que pas trop rassuré, car à peine avait-il pénétré dans la cour que le groupe lui fit face. Il s'attendait à ne pas être accueilli à bras ouverts, il avait pris soin de s'armer d'une nouvelle arme que seuls les policiers antiémeute, pouvaient utiliser. Ce pistolet révolutionnaire ne tirait pas des balles mais des billes d'une sorte de glue, qui, au contact de l'air quand elles explosaient sur un vêtement, se figeaient et immobilisaient l'assaillant dans les minutes suivantes. Aucun risque de blessure ou de mort, la police n'avait plus qu'à les ramasser. Des *« cliniques »* spécialisées pouvaient à l'aide de produits chimiques, ramollir les habits et ainsi rendre une liberté provisoire aux personnes appréhendées. C'était une toute nouvelle arme de dissuasion inventée par un chimiste français, et qui avait été donnée à toutes les forces spéciales d'intervention, contre les jeunes excités des banlieues « *chaudes ».* Radical !

Il s'approcha, tout en restant à bonne distance, il remarqua que parmi les garçons il y avait une jeune fille. Il les interpella.

« Bonjour ! Je viens vous voir au sujet des deux frères Barney qui ont leur adresse ici. Vous les connaissiez ?

— Comment ça, *vous les connaissiez ? »*

La jeune fille qui avait répondu, avait tout de suite fait le distinguo dans l'emploi du passé ! Cette jeune fille avait dû avoir une bonne scolarité pour percuter aussi vite. Aussi il s'adressa à elle.

« En effet, hélas pour eux, ils ont été retrouvés hier en banlieue mort dans leur voiture. Si vous étiez amis, peut-être pourriez-vous me dire s'ils avaient des ennuis en ce moment ?

— Eh, les mecs ! Les deux frangins se sont fait trucider hier ! Génial !

— Ouais, à force de jouer avec le feu, ça devait arriver !

— Peut-être abusaient-ils trop du « *Trishoot* » ? remarqua Barraba.

— Tiens vous connaissez cette merde ?

— Les premières analyses démontrent qu'ils étaient camés à mort. J'ai cru comprendre que ça rendait dingue ?

— Pour être dingues, ils l'étaient ! Ces connards prétendaient qu'ils allaient baiser la terre entière !

— Comment ça ?

— Ils se vantaient d'être entrés dans une secte, un truc qui allait les rendre immortels, et qu'eux et leur bande ils allaient dominer le monde. Quels connards !

— Et cette secte, on peut la trouver où ?

— Alors là, mec, c'est un vrai mystère. Ils disaient qu'ils fréquentaient une nana super, mais on ne l'a jamais vue !

— Et leurs parents ? Ils vous en parlaient ?

— Rarement ! Un peu au début du squat, puis, ils ont complètement coupé les ponts.

— Moi je me rappelle qu'ils tenaient une boutique de chaussures dans le « trou » des Halles.

— Bon je vous remercie ! Je vous donne ma carte si vous avez des infos. Faites gaffe à vous ! Salut ! »

Barraba quitta les lieux rapidement après cette conversation car déjà d'autres lascars se rapprochaient d'eux, l'air menaçant. Il savait que sa prochaine étape était le fameux « trou » des Halles.

6/8 Arrivé sur place, il se dirigea vers la Direction du centre. Plutôt que de chercher au hasard, là ils lui donneraient l'emplacement exact de la boutique. On lui précisa l'endroit.

Il resta un moment devant la boutique, espérant voir monsieur Barney, dont il se rappelait bien le visage. Non rien ! Il entra en présentant sa carte.

« Bonjour ! Je souhaiterais rencontrer monsieur et madame Barney.

— Vous tombez mal, ils viennent de partir en vacances. Je suis leur remplaçante.

— Et vous savez où je peux les joindre ?

— Oui, ils m'ont laissé leur adresse. Attendez, c'est là dans le tiroir. Ah, voilà ! Ils sont partis à la mer. *L'hôtel de la mer,* au Mont-Saint-Michel ! »

C'était suffisant pour le colonel. Une nouvelle étape, et non une impasse. Il remercia la jeune femme et fila à son bureau.

Il appela sa hiérarchie, comme quoi il avait des congés à prendre et qu'il partirait dès le lendemain. Il laissa les consignes à Henri, son numéro de portable et partit sans autres commentaires.

De retour à son domicile, il téléphona au fameux hôtel pour savoir si les Barney y étaient toujours. On lui confirma leur présence. Avec ce qui venait de se passer avec leurs deux fils, il s'inquiétait de leur avenir à eux aussi. Il devait filer vite là-bas, avant un autre malheur.

6/9 Le lendemain matin il partait, avec en tête un tas de sentiments des plus désagréables. Sur place il trouva une chambre au même hôtel et s'y installa. Le patron lui indiqua qu'ils avaient loué une embarcation à moteur pour faire un tour dans la baie.

Barraba pâlit, il n'aimait pas ça du tout ! Une sorte de pressentiment. Il descendit en courant au pied des remparts. Là, le loueur lui confia son inquiétude, car ils auraient dû être rentrés depuis longtemps. La marée étant encore basse, et l'étendue de sable très importante, il emprunta la moto tout-terrain du loueur et fonça vers la mer qui commençait à monter au dire du bonhomme.

Il embraya la première, accéléra provoquant une gerbe de sable sous le regard inquiet du propriétaire. Il traversa la baie de sable en direction du bord de mer.

Déjà quelques pêcheurs à pied revenaient vers le mont, sachant à quelle vitesse la mer remontait. Arrivé au bord de l'eau il longea les vaguelettes. Rien ! Mais d'un coup il perçut un bruit de moteur comme emballé. Là-bas vers l'ouest, un canot tournait sur lui-même sans personne à son bord ! En s'approchant il vit une masse d'écume provoquée par le tourbillon de l'hélice. Une écume rougeâtre !

Il en était sûr ! Il était arrivé un malheur. Il lâcha la moto et courut vers le bateau.

Les deux corps étaient là flottant dans l'eau de mer rougie par le sang. Il arriva à sauter dans le canot et arrêta le moteur. Puis de nouveau sauta dans l'eau pour rejoindre les deux corps. Il trouva d'abord madame Barney. Il la retourna, et eut une vision d'horreur. Son visage avait été lacéré par les pales de l'hélice. Défigurée. Plus rien à faire. Il se précipita vers monsieur Barney. Il découvrit les mêmes balafres horribles.

Trop tard ! Il était arrivé trop tard.

La mer remontait.

La moto était déjà noyée par les flots. Il voulut mettre les corps dans le canot. Il y arriva avec beaucoup de difficulté, et voulut démarrer le moteur. Après plusieurs essais, rien à faire ! Il décida alors avec la corde trouvée sur place de le tirer vers la rive. Il marchait devant et déjà la mer lui arrivait à mi corps. Soudain, ses pieds s'enfoncèrent dans le sable. Il eut du mal à les extraire mais à chaque pas c'était le même phénomène de succion. Des sables mouvants. Il était trop loin du mont pour tenter des appels au secours. A chaque vague, la barque venait le taper dans le dos. La mer lui arrivait maintenant au torse, et fatigué comme il était, il ne tenta même pas de monter dans le bateau. Il comprit à ce moment là, que c'était la fin. Qu'il avait échoué dans cette dernière mission - sauver les Barney. Bizarrement il acceptait sa fin, fataliste. Le froid et la fatigue le faisaient délirer. Il pensa alors au père Louis qui était mort avec dignité, acceptant sa mort pour la vérité. Il allait crever là ! Il s'en fit une raison. Mais pensa-t-il, quels liens entre les faits de Gatseau et la famille Barney ? Ils ont été les premiers à témoigner, soit! Mais de là, à ?

Il en était là de ses réflexions, quand son œil fut attiré par un éclat lumineux venant du sommet de l'abbaye. Le soleil d'été se reflétait sur l'archange tout recouvert de feuilles d'or, et lui faisait comme un appel lumineux, un signe comme quoi il devait garder espoir.

« Je délire ! » songea-t-il !

Il était là à fixer ce point lumineux, lui éclairant le visage. La mer avait encore gagné quelques centimètres, quand soudain........

Il vit un point noir dans l'axe de ce rai lumineux. Ce point noir grandissait à vue d'œil. On l'avait aperçu, on venait à son secours ! Il se surprit à dire.

« *Merci mon Dieu !* »

Cette forme noire était à une centaine de mètres de lui maintenant. Il put alors la distinguer et reconnaître avec stupeur, un cheval noir. Un superbe animal à la robe luisante, la gueule écumante et quand il se présenta devant Barraba il se cabra, les deux fers juste au-dessus de lui et resta là, haut perché, dans l'attente.

Barraba se recroquevilla, pensant que les deux sabots allaient s'abattre sur lui et l'achever. Il n'en fut rien. Il restait là sur ses pattes arrière dans l'attente d'un ordre. Quand cet ordre survint, « Die ! », il retrouva une posture normale bien qu'impressionnante vu sa taille, à piaffer dans les vagues.

Cet ordre venait du cavalier qui semblait maîtriser à la perfection son animal. Quand celui-ci fit un écart, Barraba resta bouche bée, en constatant que, en fait c'était une cavalière. Une cavalière tout de noir vêtue. Des bottes, un pantalon, une chemise, des gants en cuir noir. Sur ses épaules une grande cape de toile brillante. Une capuche couvrant sa tête, il ne put distinguer ses traits. Mais il sut alors qu'il avait en face de lui, un archange diabolique. Un ange noir d'un ordre supérieur, venu exprès pour lui. Elle ôta sa capuche et s'adressa à Barraba.

« Alors capitaine Barraba, on est dans la merde ? » en éclatant de rire.

La même voix rauque ! Cette fille était celle du parking. Ce rire sarcastique à vous glacer, et le même accoutrement satanique !

« Laisse tomber la barque, mec. Elle va bien flotter jusqu'au rivage. En attendant, tiens ! »

Elle lui lança alors une corde dont l'extrémité comportait une barre de bois. De l'autre elle fit un tour au pommeau de la selle.

« Accroche toi mec. La mer monte ! Avec Balthazar, on devrait pouvoir te sortir de là ! Die ! »

Barraba n'avait pas le choix ! Il s'agrippa au bâton.

Balthazar se cabra et avec une force incroyable il réussit à sortir le colonel des sables mouvants. Puis au grand galop, il se dirigea vers la terre ferme. Le colonel glissait sur les flaques d'eau qui se formaient déjà, provoquant des gerbes de chaque côté de son corps. Mais ses vêtements se déchirèrent au fur et à mesure, et quand tout fut fini, sa peau n'était que plaie. A demi conscient, allongé sur la grève, il vit la cavalière détacher la corde et faire faire un demi tour à son cheval. Le voyant dans cet état elle eut un rire méchant et lança !

« Pour ce qui est des Barney, fallait pas faire le portrait de Pan ou Thor selon ! Ils ont payé pour cet outrage ! Adieu ! »

Elle disparut de l'autre côté du mont.

Les touristes qui avaient vu la scène se précipitèrent.

Une fois remis de ses émotions et soigné, il collabora avec la police locale, bien contente d'avoir un colonel de gendarmerie comme témoin principal. Il éluda quelques questions gênantes.

Lui aussi il avait des questions ! Qui était cette fille qui l'avait appelé capitaine ? Il avait peut-être la réponse, mais pour cela il devait retourner en Charente-Maritime.

Direction l'île d'Oléron.

7

666

7/1 Presque arrivé à destination, il stoppa devant une clinique spécialisée près de Saintes. Il se présenta à l'interphone et quelle ne fut pas la surprise du docteur de retrouver 18 ans plus tard le colonel Barraba.

« Capitaine Barraba quelle bonne surprise. Depuis tant d'années !

— Eh, oui, docteur Vertuis, je n'ai pas oublié les circonstances de notre première rencontre.

— Hélas, oui ! Ce fut terrible pour les familles et leurs enfants. Mais que nous vaut votre visite ?

— Justement. Vous évoquiez les deux jeunes filles, Liouret et Masset. Que sont elles devenues ?

— Comment, vous ne savez pas ?

— Non ? Que devrais-je savoir ?

— Ah, c'est vrai ! Vous étiez parti quand c'est arrivé. »

Une barre de rides se forme sur le front du colonel. Marque d'une inquiétude - ce qu'il allait apprendre ne lui plairait pas du tout.

« Arrivé quoi ?

— Vous vous rappelez la petite Laure Liouret, celle qui était anorexique, presque squelettique. Eh bien elle est morte peu après votre départ. Elle s'est laissée mourir de faim. Son coeur n'a pas tenu.

— Et l'autre ?

— C'est tout aussi terrible et étrange !

— Etrange ?

— Marie Masset, était tout à fait le contraire de son amie. Elle mangeait sans cesse, grossissait à vue d'œil. Cela nous a surpris et nous avons procédé à une échographie. Elle était enceinte. Ses parents supposant que c'était le résultat du viol dans le car, ils nous chargèrent de procéder à un avortement. Cela devait se faire la semaine suivante, et le matin de l'intervention nous dûmes constater que les barreaux de sa chambre avaient été forcés et qu'elle s'était enfuie. Malgré les recherches nous n'avons eu aucune nouvelle. Daumier qui était votre collègue, a pourtant tout fait pour la retrouver. Hélas ! Ça fait 18 ans maintenant.

— Ça veut dire que, si elle a accouché, son enfant aurait 18 ans maintenant ?

— Exact ! Mais quelle histoire !

— Bien je vous laisse. Je vous remercie pour vos informations. Je vais voir Daumier. »

7/2 Il quitta Saintes mais pas pour voir Daumier dans un premier temps. Sur la route qui l'emmenait vers Rochefort, il n'arrêtait pas de faire des rapprochements entre l'épisode du Mont-Saint-Michel, et les dernières paroles du docteur Vertuis.

Il se gara dans la cour du service scientifique de la gendarmerie. Un endroit qu'il connaissait bien pour y avoir souvent rencontré son ami, son camarade Pons. Il monta les quelques marches, et parcourut le couloir d'accès au laboratoire. Il était connu et les gardes le laissèrent passer sans souci. Il entra dans la pièce, calme plat, personne. Il fit le tour des locaux, rien ? Enfin un technicien en blouse blanche entra.

« Monsieur ? Vous désirez ?

— Colonel Barraba. Je viens voir mon ami Pons.

— Ah, oui, mon colonel. Je vous remets. Ça va faire un bout de temps ! Mais vous ne savez pas ?

— Non ? Qu'y a-t-il ?

— Le capitaine Pons a eu un accident la semaine passée. Il est décédé ! Et c'est justement aujourd'hui qu'a lieu son enterrement. Je pensais que vous étiez venu pour l'occasion.

— Non je n'étais pas au courant. Mais comment cela s'est-il passé ?

— Il était à la montagne, en vacances dans les Alpes, quand sur la route un rocher s'est détaché et est venu écraser sa voiture. Il est mort sur le coup la tête broyée. Ça nous a foutu un coup. On l'appréciait beaucoup. C'est pourquoi, la majorité du personnel est absent aujourd'hui. Moi, je suis de permanence. Je vous laisse, j'ai un rapport à rendre. C'est urgent.

— Ne vous occupez pas de moi. Je vais dans son bureau, me recueillir et je pars. »

A peine entré dans le bureau, il sortit de son portefeuille un petit bout de papier soigneusement plié, et un peu jauni par le temps. Ça faisait 18 ans qu'il y était. Un code y était inscrit. Il s'accroupit devant le coffre, manipula la combinaison, la porte s'ouvrit. Pons n'avait pas changé le code !

Il eut beau étudier tous les dossiers, aucune trace du dossier jaune ? Le dossier ADN de Thor avait disparu ? Pons l'avait-il brûlé ? Cela l'étonnait car ce n'était pas son genre d'égarer ou de dissimuler un dossier. Ou alors de peur que cette analyse extraordinaire n'arrive jusqu'à la direction, il l'a détruite. Ou alors un vol organisé par.........Il refusait d'y croire.

Il quitta le bâtiment et après avoir déjeuné, il se rendit au cimetière pour rendre un dernier hommage à son ami.

7/3 Au cimetière il retrouva Daumier, le colonel Ducros, le docteur Mauras et ....Cast ! Après la cérémonie, les trois gendarmes évoquèrent les souvenirs communs avec Pons. « Le bon vieux temps ! » Quand ils se séparèrent, Barraba retourna à sa voiture. Là, adossé au capot, il l'attendait !

« Alors Cast, toujours à l'affût ?

— Pourquoi capitaine ? Devrais-je imaginer que 18 ans plus tard cette mort, a à voir avec l'affaire de Gatseau ? Votre présence serait-elle le fait du hasard ?

— Tout à fait Cast ! Une pure coïncidence ! Mais parlez-moi de vous. Que devenez vous ?

— Figurez-vous que depuis tout ce temps, je suis passé des chats écrasés à la rubrique nécrologique, puis les accidents routiers, la météo, enfin la politique. Je dois dire que cela forme un journaliste. Si bien que mon cher rédacteur ayant pris sa retraite j'ai hérité du poste.

— Félicitations ! C'est votre mère qui doit être contente ?

— Elle veut me voir monter à Paris. Alors que moi je me trouve très bien ici. De plus nous avons déménagé dans des locaux neufs au Château. Tenez ma carte. Si jamais vous aviez une info, je suis preneur. Nous sommes toujours en contrat n'est ce pas ?

— Oh, tout cela est bien loin. Mais je ne manquerais pas à ma parole. Allez au revoir. »

Cast le regardant partir, se dit qu'il n'en avait pas fini avec cet homme là ! Une intuition ? Il monta dans son 4X4 et fila vers Le Château.

7/4 Barraba reprit la route vers l'île d'Oléron, et s'engagea vers St Trojan. Une fois sur place, comme un pèlerinage, il se rendit au cimetière. Il n'était pas croyant, il n'était pas venu faire une prière, non, juste se recueillir un instant.

Bien qu'il ne les ait pas connus, il resta un long moment devant la tombe des Verdoux. S'imaginant leur triste vie et que c'était un peu à cause de ça qu'il était là aujourd'hui. La tombe était entretenue et fleurie ? A côté, celle du père Louis était aussi nettoyée et fleurie. Barraba se demanda qui pouvait s'en occuper ? Mlle Chartel, peut-être ?

Habillé en civil, il se présenta un peu plus tard au poste de gendarmerie. Les gendarmes présents ne le connaissaient pas. Il se présenta. Alors le planton se mit au garde à vous et appela Daumier.

Ce dernier apparut à la porte de son ancien bureau. Il avait tout naturellement pris la place.

« Mon colonel ! Je vous attendais. Tenez, je vais vous présenter la nouvelle équipe. Ça doit vous faire tout drôle de vous retrouver ici, avec tous ces souvenirs.

— Justement Daumier, je voudrais vous entretenir au sujet de cette affaire.

— Entrez, vous êtes chez vous !

— Vous avez gardé les archives sur Gatseau ?

— Vous tombez à pic, j'allais les faire transporter aux archives centrales du département à La Rochelle. Tenez les cartons 1995 sont là ! Vous voulez y jeter un œil ?

— En effet, j'ai sur Paris une affaire qui a des similitudes avec Gatseau. Je voudrais vérifier quelques éléments avant de repartir. J'ai un peu oublié des détails.

— Pas de problème. Prenez mon bureau, installez-vous. »

Daumier parti, il sortit un à un les classeurs de couleur. Sur l'un d'eux, il trouva le titre qu'il cherchait.

Déposition de M et Mme Barney : 28 juin 1995.

Il feuilleta les pages du dossier jusqu'au fameux dessin réalisé par Mme Barney. Le visage de Thor était là ! Toujours avec cette intensité dans les yeux. Quel visage ! *La beauté du Diable,* avait dit Mme Barney. Elle ne s'était pas trompée la pauvre, car suite aux déclarations de la cavalière, Thor était Pan ! Et toute la machination satanique apparut dans l'esprit du colonel.

Pan était dans la mythologie grecque le Dieu des bergers, représenté par un bouc jouant de la flûte, mi homme, mi animal. D'où les interrogations de Pons au sujet de son ADN ! D'ailleurs le vol des séquences ADN dans le coffre de Pons était dans la logique d'effacement des indices.

Puis en y pensant, il se dit que le viol des deux filles était prémédité. Laure la plus fluette, avait été sacrifiée tandis que Marie plus *femme* était parfaite pour porter une grossesse. Cette boulimie voulue pour mettre toutes les chances de son côté ! Car dans cette opération *IL* avait prévu une descendance !

Le Diable engrossant Marie !

IL marquait davantage son territoire ! Il énuméra les coïncidences.

- Marie qui disparaissait la veille de son IVG !
- Les Barney et leur descendance, tués d'avoir fait une représentation graphique de Pan ! Certaines croyances, même de nos jours n'acceptent pas la représentation graphique de leur Dieu !
- Le vol des prélèvements ADN au labo !
- La mort de Pons !

Tout avait été orchestré diaboliquement. Orchestré pour mettre au monde - *le fils de Satan !* Sauf que Barraba pensait plus à une fille qu'à un fils.

Une question taraudait Barraba. Pourquoi l'impliquer maintenant dans *SES manoeuvres* ?

7/5   Il rangea le tout, fit ses adieux à Daumier et retourna au Mont-Saint-Michel, où il avait gardé sa chambre. Il rejoignit la brigade chargée de l'enquête et s'occupa de faire rapatrier les corps en région parisienne, afin de faire inhumer toute la famille Barney.

D'après les gendarmes l'affaire paraissait complexe et on partait sur un banal accident. Barraba évita de parler de certaines choses et d'orienter les gendarmes sur une piste qu'il savait scabreuse.

Deux jours plus tard, il était de retour chez lui. Il téléphona à Henri pour s'informer des derniers évènements et pour lui annoncer qu'il resterait chez lui deux jours de plus.

Quand il se leva le lendemain matin, il ne se sentait pas bien. Il avait mal au crâne et des douleurs terribles au bas ventre. Il resta en pyjama toute la journée sans se laver ni se raser. C'était un mauvais signe car depuis toujours il ne s'était jamais négligé, même en vacances. Mais là, il avait la tête ailleurs ! Et ce fichu mal de crâne qui le martelait ! Il erra dans son appartement, tourna en rond jusqu'au soir. Il se coucha sans manger.

C'est à ce moment que tout resurgit dans ses rêves. Tout depuis le début. Les enchaînements. Les blessés, les morts, les filles, Mlle Chartel, père Louis, le journal, Princesse, les familles éplorées, les fautifs, le squelette. Puis les garçons, leurs parents, le parking du RER, la fille au cheval noir. Le coffre vide et Pons. Tout cela sur fond de mer rouge sang.

Il se réveilla en sursaut !

Son réveil matin se mit à diffuser une musique au volume maxi. Une symphonie Wagnérienne ? Il était pourtant sûr de l'avoir fermé ! Ce qu'il vit l'effraya au plus haut point. L'indication de l'heure clignotait au rythme de la musique et affichait : 6:66. Six heures soixante six ? C'était impossible. Et cette musique qui n'arrêtait pas ! Il débrancha le poste. Enfin le silence. Mais non, il entendit dans son bureau, son imprimante qui fonctionnait ? Il se précipita. L'imprimante « crachait » des feuilles A4 à toute volée. Le sol en était couvert. Barraba en prit une. Sur toute la page était inscrit des 6 ! Que des six, de toute taille, de toute police ! Des alignements de 6 sur toutes les pages !

Barraba croyait devenir fou. Appuyé au chambranle de la porte il regardait le spectacle d'un air désabusé. Il était en sueur, son pyjama trempé, il grelottait malgré une fièvre intense qui lui vrillait le front. La gorge brûlante il se dirigea vers la cuisine et se fit couler un verre d'eau. A ce moment, il entendit un bruit dans le parking juste en bas de chez lui. Il jeta un coup d'œil par la fenêtre, il n'en crut pas ses yeux. Une voiture blanche venait de s'encastrer dans la sienne alors qu'il était parfaitement garé. Quand la voiture fit un demi-tour. Il put voir son numéro : *VT6 66 SAT.*

Il resta là un moment obnubilé par ce numéro. Il le connaissait par cœur. Il entendit la voiture repartir. Il la suivit du regard. Puis d'un coup, ses yeux se portèrent sur les plaques d'immatriculation des autres voitures garées sur le parking. Elles avaient toutes le même numéro : *VT6 66 SAT !*

C'en était trop. Son front le brûlait. Il s'écroula à terre sur le carrelage glacé de la cuisine.

Il se réveilla !

Barraba venait de vivre le plus grand cauchemar de sa vie. Tellement vrai, tellement réel que de fait, son pyjama était trempé de sueur. Il s'emporta.

« Merde ! Quand est-ce que ça va s'arrêter ? J'en peux plus ! »

La fièvre le faisait délirer, mais plus grave il se mit à pleurer. De longs sanglots sans fin, des larmes qu'il n'essayait même pas d'essuyer. Pour la première fois de sa vie, le colonel Barraba faisait une dépression !

Il regarda son réveil matin qui était bien allumé. Il était 6 heures 59. Il attendit une minute, pour voir. 7 heures 00. Et les infos de RTL. Il se leva, conclut à un mauvais rêve dû à la fièvre. Son bureau était rangé impeccable, dehors sa voiture bien garée sans accroc. Il était glacé. Il prit une douche brûlante et resta dessous plus que la normale.

Il se prépara un café et resta un bon moment à tourner sa cuiller dans son bol, l'esprit dans le vague. Il se posa des tas de questions. Qu'allait-il lui arriver maintenant ? Pourquoi cet acharnement ? Quel était *SON* objectif ? Mais que pouvait-il contre *LUI ?* Rien !

Et puis d'un coup son visage s'éclaira, une révélation, une idée soudaine, libératrice.

Il s'installa devant son ordinateur, vérifia le niveau d'encre, la quantité de feuille suffisante pour ce qu'il devait écrire.

Il écrivit d'abord une première lettre assez courte qu'il mit dans une enveloppe et la posa sur la table de la salle à manger.

Toute la journée, il tapa sur son clavier, le texte défilant sur l'écran. Il écrivait vite et sans se poser de question. Il connaissait par cœur ce qu'il avait à écrire. Les pages s'égrainaient les unes après les autres, il ne quittait pas le clavier des yeux, il voulait aller vite, en finir au plus tôt !

Il sauta le déjeuner, et quand arriva 16 heures il avait fini d'imprimer ses 120 pages qu'il relia avec une machine perforatrice. Il glissa le tout dans une enveloppe cartonnée et y joignit une lettre manuscrite. Il fouilla dans son portefeuille et en sortit une carte de visite. Il rédigea sur l'enveloppe l'adresse qui y figurait :

La Gazette Charentaise
A l'attention de M Cast, rédacteur en chef
Le Château d'Oléron
17480 Oléron

Il s'habilla vite fait, et courut jusqu'à la poste, car il voulait que ce courrier parte dès le soir. Il remonta chez lui, glissa une chaussure dans l'entrebâillement de la porte d'entrée.

A minuit pile, les voisins entendirent un coup de feu venant de l'appartement du colonel Barraba.

Les premiers secours le trouvèrent affalé sur la table, son pistolet dans la bouche !

7/6 Le lendemain matin, 9 heures 05.

Dans les bureaux de la Gazette Charentaise, tout le monde est là à commenter l'actualité. Le décès de Barraba n'est pas encore connu et Cast est en train de boire son café avec ses collaborateurs. Un jeune garçon chargé du courrier lui remet une grosse enveloppe cartonnée.

« Tenez M Cast, c'est pour vous !

— Merci mon grand »

Il faudrait bien que je me rappelle son prénom quand même, pensa-t-il !

Il s'installe à son bureau. A part le cachet de la poste de Seine et Marne, rien qui indique l'expéditeur ? Il l'ouvre un peu surpris par l'épaisseur du courrier. Il en sort une lettre manuscrite qu'il lit en premier.

Mon cher Jean-Christophe.

Quand tu liras cette lettre, j'aurai sûrement rejoint le père Louis et la famille Verdoux.

Je t'ai vu démarrer dans le métier en 1995, ta jeunesse et ta fougue m'avaient bien plu. Je sentais déjà une belle ambition. Ton poste de rédacteur en chef est parfaitement mérité. Félicitations.

Tu as été parmi les premiers témoins dans cette terrible affaire de Gatseau. Nous avions convenu d'un deal et chacun a su le respecter. Tu as observé des phénomènes paranormaux mais tu as su garder le secret, car ces manifestations irrationnelles ne pouvaient être dévoilées au grand public. Merci encore pour ta discrétion, ce qui n'était pas facile dans le métier que tu exerces. Comme tu as tenu tes promesses, je tiendrai les miennes.

Aujourd'hui libéré de TOUT, je t'adresse toute l'histoire de Gatseau. Dans ce qui est du domaine du réel et de l'impensable.

Tu es maintenant le gardien de mes investigations et donc des secrets qui s'y attachent.

Tu vas découvrir que la mort de la famille Barney et celle de Pons, ces derniers temps, ne sont pas étrangères aux évènements tragiques de 1995.

Tu as là un beau sujet pour alimenter une série d'articles en souvenir de cette période ou alors un bouquin ?

Mais j'attire ton attention sur le fait que ces révélations pourraient te porter préjudice physiquement ! SON existence et SES actions sont infinies ! Je te mets en garde malgré mon agnosticisme bien souvent ébranlé pendant cette période. Je terminerais par cette citation : Si Dieu existe, le Diable aussi, forcément !

Colonel Barraba.

Quand il eut fini de lire la lettre, il y avait déjà bien longtemps que les larmes coulaient sur ses joues. A la fin il ne put retenir un cri de douleur. Tous les journalistes présents se précipitèrent dans son bureau.

« Y a un problème M Cast ? »

Il était là, devant eux pitoyable, secoué de sanglots. Ils refluèrent fermant la porte derrière eux, le laissant seul avec sa peine.

Après un moment, le chagrin dissipé, il sortit enfin le paquet de feuilles reliées entre elles. Il tourna la première page de garde. Il lut :

Pretium Doloris.
L'affaire de Gatseau.

Remerciements

Merci à toutes les personnes dont les noms suivent pour leur aide, leur soutien et leur collaboration à quelque titre que ce soit
.

Florian Crébois
Micheline Joly
Chork Ky
Jean-Claude Lair
Anne-Marie et Léa Martin
Eric Scilien
Alan Spade

Merci aussi à Christian et Bernadette qui sont à l'origine.

Table

Imprimé par Createspace
Alain Crébois

5 Impasse des Lys

77183 Croissy Beaubourg

ISBN: 978-2-954-99730-8

Me retrouver son mon blog: a-a-c-t.com

Dépot légal : à parution

www.ingramcontent.com/pod-product-compliance
Lightning Source LLC
Chambersburg PA
CBHW022130080426
42734CB00006B/302